UWE GEILERT

GALLIA-IBERIA

Streifzug durch Südwesteuropa

ATLANTIK

DE

St. Denis   La Rochelle

Tours   Troyes   Nancy   Aichelberg

FR

La Coruña   San Cibrao   Bordeaux

Santiago d·C·   Virgen d·M·

Porto   San Sebastián   Biarritz

Coimbra   Logroño   Bollène

Peniche

MITTELMEER

PT

Lisboa   ES   N

Porto Covo   Barcelona

Sagres   Peñíscola

Lagos   Ardales   Valencia

Albufeira   STREIFZUG

Sanlúcar d·B·   Benidorm   die Route

Tarifa   Cartagena

Gibraltar   Almería

Ähnlichkeiten mit noch lebenden Personen sind zufällig und
unbeabsichtigt. Die Namen von Personen, Firmen, Orten
und Straßen wurden zum Teil verändert.

Umschlagbild
Autor

*Die Deutsche Bibliothek verzeichnet diese Publikation in der
Deutschen Nationalbibliografie; detaillierte bibliografische Daten
sind im Internet über ‹http://dnb.ddb.de› abrufbar.*

Herstellung und Verlag:
BoD – Books on Demand, Norderstedt
ISBN: 9 783759 723697

Meiner Frau Ute,
ohne die alles dies gar nicht möglich gewesen wäre.

Inhalt

Wir sind mal kurz weg. - Diese Floskel galt bisher für unsere Reisen an Ziele wie Südafrika, die Normandie, Andalusien oder Florenz. Denn mehr als zwei bis drei Wochen waren nie drin. Einmal die Iberische Halbinsel zu umrunden war ein Traum, blieb aber eher fixe Idee, Spinnerei. Jetzt rückt sie in den Bereich des Realen, denn wir befinden uns nun beide im wohnmobilen Rentenalter. Unsere zeitlichen Beschränkungen beschränken sich auf Zeiten zwischen dringenden Terminen beim Arzt oder den Geburtstagen der Kinder und Enkel. Endlich können wir etwas Größeres planen. Drei bis vier Monate wären jetzt denkbar. Daumen hoch! Iberia, wir kommen. Mit dem Finger auf dem Globus nimmt das Projekt rasch Gestalt an.

Start und Ende wird unser Wohnort in Aichelberg sein, am Albtrauf, wie man hier sagt. Dazwischen definieren wir 30 *places of interest,* die wir ansehen möchten. Der Weg ist das Ziel. Wieder eine Floskel. Das Wohnmobil wird unser Fortbewegungsmittel und Mittelpunkt sein. Anfang Oktober fahren wir los, um noch etwas Herbstwärme mitzunehmen und den Winter am Atlantik und am Mittelmeer zu verbringen. Daraus ergibt sich logisch und zwingend, die Halbinsel entgegen dem Uhrzeigersinn zu umrunden. Frankreich besitzt eine großartige Atlantikküste, und wir beschließen deshalb, La Rochelle anzupeilen, um von dort aus nach Süden zu dieseln.

Der erste große Schlag führt uns nach Südwesten. Wir werden Rhein, Moselle, Meuse (Maas), Marne, Aube, Seine und zweimal die Loire überqueren. Wir werden südlich im Bogen um Paris herum fahren, quer durch die historischen Siedlungsgebiete keltischer Stämme, der Caeltae oder Galli, wie sie von den Römern pauschal genannt wurden.

Die Urheimat der Ubier, Treverer und Belger lassen wir rechts, die der Helvetier links liegen und fahren durch die damaligen Gebiete der Lingonen, Haeduer, Sinonen, Turonen, Piktonen und Santonen. Beim Klang dieser Namen wird man an das Folterwerkzeug von Generationen von Pennälern in Latein erinnert: *De Bello Gallico* von

Gaius Iulius Caesar. Vor lauter Analyse des Satzbaus, Suchen des Verbs, Aufdröseln von Konjugationen und Deklinationen blieb in den jungen Hirnen vom eigentlichen historischen Inhalt des Werkes herzlich wenig hängen: Schlimm ist das nicht, denn vieles was Gaius Iulius schrieb, ist durch spätere Forschung widerlegt worden. Der Zweck des Werkes war pure Politpropaganda, Sicherung seiner künftigen Karriere in Rom.

Da die Kelten die verfügbaren Steine für Befestigungen und Schutz-mauern verwendeten, bauten sie ihre Häuser aus Holz und Lehm, deckten sie ihre Dächer mit Riet, äußerst vergänglichen Materialien, von denen nichts übrig ist. Um dem geneigten Publikum dennoch etwas zu bieten, hat man oft intelligente Repliken angefertigt. An solchen Orten ertappe ich mich meist dabei, nach Spax-Schrauben Ausschau zu halten, die solch Kunstwerk auf fortschrittliche Weise zusammenhalten. Das erspare ich mir.

Bei Baden-Baden fahren wir über die Rheinschleuse Iffezheim nach Frankreich, ins Land der vielen Kreisverkehre. Vater Rhein ist hier eine nüchterne, kanalisierte Wasserstraße ohne die Romantik des Mittelrheins zwischen Bingen und Koblenz mit seinen Windungen und Burgen.

Nancy

Unser Stellplatz liegt direkt in der Innenstadt zwischen einer stark befahrenen Straße und dem Kanalhafen des Flusses Meurthe. Der Hafenkapitän ist polyglott, freundlich und erklärt uns die Stadt der Lothringer Herzöge. Mit der von ihm überreichten Straßenkarte erkunden wir die Cité mit ihren herrlichen Plätzen. Auf der Place Charles III lassen wir uns zu einem Kaffee nieder. Nein, nein, nicht *der* Charles III von Windsor, sondern der hier zuständige Monarch, der von 1542 bis 1608 regierte.

Am Abend sitzen wir bei Kerzenlicht an der Kaimauer. Kurzärmelig. Es sind fast 30°C am 12. Oktober abends! Vor uns liegen Yachten, Hausboote und alte Kähne, fast alle bewohnt. Auf den geräumigen Decks stehen große Pötte mit Palmen oder Bananenbäumen, bei anderen ranken blühende Geranien aus Blumenkästen. Sitzecken werden von großen Ficus gesäumt. Am folgenden Morgen verlässt uns gegenüber eine Frau mittleren Alters ihr Hausboot im smarten Kostüm, steigt

in ihren Audi und fährt ins Büro.

Wir schlendern wieder in die historische Altstadt. Zwischen dem Opernhaus, der Orangerie und der Mairie (dem Rathaus) treffen wir auf Stanislas Leszchinsky, vielmehr sein Standbild auf dem Platz, der seinen Namen trägt, *Place Stanislas*, mit vergoldeten Toren aus Schmiedeeisen und einem Rokoko-Brunnen. Die Plakette auf dem dicken Granitsockel stellt ihn uns begrünspant vor:

König von Polen, Herzog von Lothringen.

Wie kommt ein polnischer Ex-König nach Nancy und regiert hier als Herzog? Und welche Verdienste rechtfertigen dieses pompöse Denkmal?

Leszchinsky (1677-1766),

Familie Leszchinsky gehört zum polnischen Hochadel, sie stellt seit 1473 Reichsgrafen im Heiligen Römischen Reich Deutscher Nation. 200 Jahre später wird Stanislas sowohl Akteur, als auch Opfer der bewegten Geschichte polnischer Wahlkönige. Er ist Zeitgenosse von Zar Peter dem Großen, König Friedrich III von Brandenburg, König Christian VI von Dänemark/Norwegen, König August II von Polen und Karl XII von Schweden. 1700 beginnt der Große Nordische Krieg auf polnischem Staatsgebiet. Das Dreierbündnis Russland-Polen-Dänemark will die Expansionsgelüste der angriffslustigen Großmacht Schweden stoppen. Doch das misslingt, die Schweden erobern Thorn und Krakau. Die wirtschaftliche Lage in Polen ist katastrophal, die Führungsschicht zerstritten, König August II ohne

Rückhalt. Er dankt ab, ein neuer König soll gewählt werden. Einer der Kandidaten ist unser Stanislas Leszchinsky. Er setzt sich gegen die von Frankreich, Litauen und Teilen des polnischen Adels nominierten Kandidaten durch und wird 1705 zum König gewählt. Dabei helfen ihm sowohl das Vertrauen als auch der Schutz des Schwedenkönigs Karl XII, der sein Hauptquartier in Polen aufgeschlagen hat und Stanislas bereits während der vorangegangenen Friedensverhandlungen kennengelernt hatte.

1709 werden die Schweden durch russische Truppen in der Schlacht bei Poltawa in der heutigen Ukraine ganz überraschend geschlagen. Karl XII flieht ins Osmanische Reich, Stanislas hat seinen Protektor verloren und geht ins Asyl nach Schweden. Als Karl XII stirbt, muss er Schweden verlassen und findet Zuflucht im Elsass. 1725 heiratet König Louis XV von Frankreich Stanislas' Tochter Maria Leszchinska in Fontainebleu, und Stanislas kommt mit seiner Gemahlin im feuchtkalten Schloss Chambord an der Loire unter.

1733 - Stanislas ist 56 - wird wieder ein König in Polen gewählt. Louis XV unterstützt die Bewerbung, Stanislas ist erfolgreich und wird zum zweiten Mal König von Polen. Doch eine Koalition aus Russland, Österreich, Sachsen und Mitgliedern des polnischen Adels wendet sich gegen ihn, 1734 wird er gestürzt und entmachtet. An seiner Stelle wird ein Sohn Augusts des Starken von Sachsen zum König August III von Polen ausgerufen. Stanislas muss fliehen und findet durch Friedrich Wilhelm I von Preußen Schutz in Königsberg.

1737 wird er mit dem Posten Herzog von Lothringen abgespeist. Doch er empfindet dies keineswegs als Trostpreis, sondern widmet sich der Regierungsaufgabe und der Aufklärung, lässt Akademien errichten, baut Bibliotheken, wendet sich den Wissenschaften zu und wird von den Bürgern von Nancy seitdem als Wohltäter verehrt. Er ist zum machtlosen Platzhalter und teuersten Kostgänger der französischen Krone geworden, zum König ohne Land, royalem Schwiegervater mit stets gutem Appetit und immer gut gefülltem Teller, schließlich zum eifrigen Bauherrn, der seine Rechnungen zur Begleichung nach Paris weiterreichen kann.

Der gebildete Fürst und Humanist mit dem Migrationshintergrund hinterlässt seiner Stadt nicht nur den herrlichen Platz, auf dem wir stehen, sondern auch einmal im Monat die kostenlose medizinische Versorgung Bedürftiger, den Bäckern die Anweisung, fünfmal am Tag zu backen und den Metzgern die Anordnung, immer drei Sorten Fleisch in ausreichender Menge und guter Qualität bereitzustellen.

Mittlerweile 88, rutscht der fast erblindete Stanislas nach einem üppigen Mahl vom Stuhl und stürzt in den Kamin. Seine Kleidung fängt Feuer. Von den Brandwunden wird sich *le bon Roi* nicht mehr erholen, er stirbt 1766. Seine sterbliche Hülle wird 1814 nach Polen repatriiert. Erst nach mehreren Zwischenlagern kommt sie 1938 in der Krakauer Wawel-Kathedrale zur endgültigen Ruhe.

Das bis dahin unabhängige Lothringen fällt der französischen Krone zu. Lotharingien, das 843 durch Dreiteilung des Reiches Karls des Großen entstanden war, wird zur französischen Provinz. Seit 2016 ist es Teil der Region *Gand Est*, die aus Elsass, Lothringen und Champagne-Ardenne besteht. Großer Osten.

Für viele Polen besitzt Frankreich bis heute große Anziehung, für Bergarbeiter, Intellektuelle, Wissenschaftler oder Künstler. Spontan fallen mir Marie Curie und Frédéric Chopin ein. Roman Polanski wurde 1933 in Paris als Raymond Thierry Liebling geboren. Heute leben in Frankreich annähernd eine Million Menschen polnischer Herkunft, die meisten von ihnen leben in Paris. (In Deutschland leben zwei Mio.)

Troyes

Wir befinden uns in der Champagne und nächtigen am künstlichen *Lac d'Orient*, der zur Regulierung der Seine und Aufrechterhaltung der Schifffahrt im Jahr 1966 fertiggestellt wird. Hier kann gesegelt, gebadet und geangelt werden, vor allem Karpfen. Eigentlich. Denn er muss im letzten trockenen Sommer fast sein gesamtes Wasser zur Regulierung der Seine abgeben. Als wir hier sind, liegt wegen des Wassermangels in der restlichen Pfütze kein Boot mehr. Die Saison ist vorbei. Die meisten Cafés und Restaurants machen Winterferien.

Also ab in die Stadt, die E-Bikes runter und ins antike Herz von Troyes. Wir ketten die Velos neben der Kathedrale an, hoffen auf göttlichen Diebstahlschutz und gehen in die Salat-Bar gegenüber, dann gut gestärkt zu Fuß in die alte Innenstadt. Wo du hinschaust, Fachwerk. Das normannische mit viel Senkrecht. Es gibt unzählige enge Gässchen wie die Katzengasse, *Ruelle des Chats,* zum Beispiel. Hier und da aber auch leere Fensterhöhlen, morsche Balken und baufällige Häuser, die uns traurig stimmen, obwohl wir ähnliches aus Wismar, Rostock und Greifswald kennen. Es ist wohl das Schicksal dieser historischen Städte.

Troyes war einst der Zentralort des Keltenstammes der Tricassen. *Augustobana Tricassiorum* nannten ihn die Römer. Noch bevor Rom das Christentum annahm, war die Stadt schon im 4. Jh. Bischofssitz. Westlich der Stadt siedelten die Catalauni, ein Keltenstamm, nach dem die Katalaunischen Felder benannt wurden. Dort fand 451 die Schlacht zwischen den invadierenden Hunnen unter Attila und den gemischten Verteidigern unter dem Römer Aëtius statt. Der siegte knapp und beendete damit das weitere Vordringen der Hunnen. (Auch Stoff aus dem gymnasialen Geschichtsunterricht)

Die Peter-und Paul-Kathedrale ist ein Bau der Hochgotik mit fünf Schiffen und Querhaus, aber nur der Nordturm wurde vollständig aufgeführt. Immer wieder finden wir in Frankreich riesige Rosetten in leuchtenden Farben, in dieser Kirche sogar fünf von ihnen. Leider ist das Gotteshaus geschlossen, als wir hinein wollen. Immerhin blieben die Fahrräder unangetastet, das hat funktioniert.

Wir verlassen Troyes an der Seine am nächsten Morgen und damit auch das Gebiet der Champagne.

Tours

Die keltischen Treverer verewigten sich im Namen ihrer Stadt Trier (*Augusta Treverorum*), genauso tun dies die Turonen im Namen Tours (*Civitas Turonorum*). Heute ist ihre Umgebung, die Touraine, bekannt für ihre Weine. Trotz der interessanten Geschichte haben wir hier nur übernachtet, wir wollten uns auf dem Weg ans Meer nicht unnötig verzetteln.

Martell (690-741)

Eine Episode jedoch hat direkten Bezug zur iberischen Halbinsel, sie sei hier erwähnt. Wir kennen sie aus dem Geschichtsunterricht. Es

ist das Jahr 732 AD. Marodierende Mauren, berittene Berber und Araber von jenseits der Pyrenäen streifen durch das Land der Franken. Sie sind ein ziemliches Ärgernis. Zwischen Tours und Poitiers gelingt es den schwer gerüsteten Rittern des Merowingers Karl Martell (Karl der Hammer), die Eindringlinge trotz ihrer flinken Pferde zu stellen. Der Kampf beginnt augenblicklich, muss aber wegen der fortschreitenden Dämmerung eingestellt werden. Karl zieht sich zurück.

Am folgenden Morgen erscheint er erneut am Arbeitsplatz, um den Job zu Ende zu bringen, die Eindringlinge zu vernichten, die Expansion des Islam und die Herrschaft der Mauren über Europa abzuwehren. Was den tapferen Soldaten Karl Martells denn gründlich gelang. Ruhm dem Retter und *Gloria in excelsis Deo!* So lehrte es uns einprägsam der Geschichtsunterricht.

Jedoch, diese Gefahr hat nie bestanden. Denn der Hammer findet das Lager der Muslime verlassen. Er bekommt seine Schlacht nicht! Der Grund: Beim Scharmützel vom Vortage verliert der maurische Anführer Abd-el Rahman zuerst seinen Kopf und dann sein Leben. Seine Mannen werden kopflos. Sie raffen ihr Beutegut zusammen, besteigen ihre flinken Araber und machen sich schleunigst aus dem Staub des Loiretals, auf nach Süden über die Pyrenäen, zurück zu Geliebten, Frauen und Kindern ins heimische al-Andaluz.

Karl Martell (688-741) ist der Sohn eines fränkischen Hausmeiers (*major domus*, Hausverwalter) am Hof der Merowinger, die den König stellen. Im 7. Jh. beginnen die Hausmeier ihren Einfluss zu erweitern und bis zur königgleichen Herrschaft zu entwickeln, bis die Monarchen schließlich nur noch Marionetten sind. Es war zu spät. Ihre Dynastie wird letztendlich von den Hausmeiern abgelöst. Einerseits ist Karl ein richtiger Haudrauf, andererseits laviert er geschickt zwischen den kirchlichen Gruppen und nutzt Bistümer und Klöster zur Festigung seiner Macht. Seine militärischen Erfolge tragen zur Expansion des Fränkischen Reiches bei und legen die Basis für die Dynastie der Karolinger. Sein Clan wird sich nach Karl dem Hammer »Die Karolinger« nennen und künftig Zentraleuropa unter sich aufteilen.

Ihr berühmtester Vertreter ist Karl der Große, in Frankreich als *Charlemagne* mindestens genauso verehrt, wie in Deutschland.

La Rochelle I

Endlich Seeluft! Endlich am Atlantik! La Rochelle ist die Hauptstadt des *Départements Charente-Maritime*, das zur Region *Nouvelle-Aquitaine* gehört. Die Temperatur ist sehr mild. Eine steife Brise singt in der Takelage der Segelboote und lässt die dünnen Stahlseile rhythmisch an den Masten klingeln. Wolken und die sinkende Sonne zaubern stimmungsvolle Malereien in orange, beige, tiefgrau und blau an den Himmel. Raues Seeklima. Im Hafen erinnert uns ein Stillleben aus modernem Leuchtfeuer und einer Pinie daran, dass wir uns hier drei Grad südlicher befinden als in Aichelberg. Erste Boten mediterranen Lebensgefühls. Das macht Lust auf mehr.

In der Antike siedelten hier die keltischen Santonen. Die Römer entwickelten den Weinbau und die Herstellung von Speisesalz aus Meerwasser für die Versorgung des gesamten Imperiums. Während der Völkerwanderung kommen die aus dem Gebiet des heutigen Iran stammenden Alanen über das Donautal nach hier, siedelten dauerhaft und gingen in der lokalen Bevölkerung auf. Im 12.Jh. kommt eine Gruppe entflohener Sklaven hinzu, und im 13. Jh. lässt sich ein Trupp des weltläufigen Templer-Ordens hier nieder. Welche Mischung! Gelungene Integration. Allerdings ist nicht überliefert, wie reibungslos oder konfliktbeladen der Prozess damals verläuft. Dennoch sollte uns Europäer das Ergebnis mit Stolz erfüllen.

Die Gründung der Stadt wird etwa auf das 10. Jh. datiert. Herzog Wilhelm X von Aquitanien macht La Rochelle 1137 zu einem Freihafen, und Eleonore von Aquitanien, die einflussreichste Frau des Mittelalters, verleiht La Rochelle im Jahr 1199 das Stadtrecht und die eigene Gerichtsbarkeit. Aus dieser Epoche stammen auch die imposanten Befestigungsanlagen des Seehafens mit dem *Tour de la Lanterne* (der spitze Leuchtturm), der *Tour St. Nicolas* (der runde Wehrturm) und der *Tour de la Chaine* (der eckige Kettenturm). Zwischen den beiden letzteren liegt die Hafeneinfahrt, die damals bei Bedarf durch eine schwere Kette abgeriegelt werden konnte. Bis zum 15. Jh. wird

La Rochelle zum größten Hafen Frankreichs an der Atlantikküste ausgebaut, hauptsächlich für den Handel mit Wein und Salz.

Hugenotten

Während der Renaissance öffnet sich die Stadt den neuen Ideen der Reformation und wird zum Zentrum der Hugenotten anfangs mit großer Toleranz. Die Katholiken gestatten den Protestanten sogar die gemeinsame Nutzung ihrer Kirchen! Doch das wird sich ändern, es folgen fast vierzig Jahre äußerst grausamer Religionskriege. Der erbitterte Kampf der Katholiken gegen die Reformation endet mit der Einnahme der Stadt. Die letzte Belagerung 1628 unter dem Kommando von Kardinal Richelieu und im Auftrag Ludwigs XIII überleben von 28 000 Einwohnern gerade mal 5000. Überall in der Stadt liegen Leichen. La Rochelle ist zwar gefallen, aber der Kampf in den anderen Gebieten Frankreichs geht weiter. Nach Aufhebung des Edikts von Nantes durch Ludwig XIV verschärft die Lage der Hugenotten, sie sind jetzt praktisch »vogelfrei«. Die gewaltsamen Übergriffe kulminieren in der »Bartholomäusnacht« im Jahr 1572. Viele kommen ums Leben, viele fliehen oder emigrieren in andere europäische Länder wie Preußen, die Niederlande oder sogar nach Nordamerika, wo sie die Stadt New Rochelle gründen.

Im Jahr 2015 wird der Gemeinde La Rochelle von der Gemeinschaft Evangelischer Kirchen in Europa der Ehrentitel »Reformationsstadt Europas« verliehen. Dieser Ehrentitel wird 102 Städten zugedacht, die im Verlauf der von Luther und anderen Theologen angestoßenen Reformationsbewegung eine bedeutende Rolle gespielt haben.

Für die Zufluchtsländer sind die Hugenotten eine Bereicherung, für die Niederlande ein Glücksfall. Im heutigen Indonesien hatte sich 1619 die Vereenigde Oostindische Compagnie (VOC) die Hafenstadt Sunda Kelapa angeeignet und in Batavia umbenannt. Der intensive Seeverkehr mit »Niederländisch Indien« wurde jedoch wegen der langen Reisedauer von Mangelerkrankungen (Skorbut, Beriberi) beeinträchtigt. Eine Lösung des Problems musste her. 1651 nahm die VOC die weite Bucht unterhalb des Tafelberges unweit des Kaps der Guten Hoffnung auf halbem Wege nach Batavia in Besitz, um die Versorgung ihrer Schiffsbesatzungen mit Trinkwasser und frischen Nahrungsmitteln sicherzustellen.

Die Station war keine Kolonie der Niederlande, sondern Privatbesitz der VOC. Die Direktoren erinnerten sich an die Tüchtigkeit und die gute Ausbildung der französischen Einwanderer und stellten 1688 einen Schiffstransport aus vierzehn Großfamilien mit 200 Personen, ihrer gesamten Habe, Werkzeugen, Weinreben und Eichensetzlingen zusammen und schickten ihn auf die Reise an die Tafelbucht. In Sichtweite des flachen markanten Bergmassivs wurde ihnen ein Stück Land zugewiesen, das bis heute die Franzosenecke heißt, *Franschhoek*. Sie lernen die Sprache der Buren und integrieren sich. Sie legen den Grundstein für die südafrikanische Weinkultur. Schon nach wenigen Jahren wird das kostbare Nass in geeigneten Fässern nach Batavia geschippert.

Zum 300. Jahrestag ihrer Ankunft wird dort das Hugenotten-Denkmal enthüllt und ein Museum eröffnet. *(Wir hatten 2005 die Gelegenheit, es uns anzusehen und uns in jene Zeit zurückzudenken.)* Bis heute ist das hugenottische Erbe präsent, zwanzig Prozent der burischen Bevölkerung tragen französische Familiennamen und erinnern an die gelungene, prägende Integration:
Barnard, du Plessis, du Preez, Labuschagne, de Villiers, Joubert, du Toit oder Marais; einige haben die Schreibweise abgewandelt, zum Beispiel in De Klerk (Leclerc), Viljoen (Villon), Retief (Rétif).

La Rochelle II

Aber zurück nach La Rochelle. Während des 19. Jh. wird dem Hafen zweifelhafter Ruhm zuteil: Er wird zu einem wichtigen Eckpunkt des so genannten »atlantischen Dreieckshandels« zwischen Afrika

(Sklaven nach Westen), den Antillen (Zucker, Rum nach Osten) und Europa (Industrieprodukte und Stoffe nach Süden). Die Bezeichnung bezieht sich vereinfachend auf die Frachtwege zwischen Häfen auf einem geografischen Dreieck, vernachlässigt jedoch, dass die Frachtsegler für den Transport von z.B. Sklaven, Stückgut oder Massengut sehr unterschiedlich sind. Sie hätten auf der Rundreise mindestens zweimal grundlegend umgerüstet werden müssen, dies ist aber aus ökonomischen Gründen eher unwahrscheinlich. Die Bezeichnung Dreieckhandel muss hinterfragt werden. Aber der Makel bleibt, wohl nicht ganz zu Unrecht.

Vor La Rochelle liegt die Insel *Ile de Rè*, 25 Kilometer lang und sechs breit. Am Flughafenareal vorbei radeln wir auf die *Pont Ile de Ré* zu. Drei Kilometer lang schwingt sich die Brücke in einer eleganten Kurve 50 Meter über die Hafeneinfahrt. Eine lange Auffahrt erwartet uns. So anstrengend es ist, trotz E-Unterstützung die lange Steigung hinauf zu strampeln, desto angenehmer ist dann die Abfahrt auf der anderen Seite. Gesegnet sei die Schwerkraft. Wenn's passt. Doch wir haben nicht mit dem Wind gerechnet. Auf dem Rückweg bläst er von vorn und fordert die Physis.

Ré ist eine Urlauberinsel. Strände, Dünen, Kite-Bereiche, Hotels, Pensionen und Sommerhäuser. Trotz der Tatsache, dass viele von ihnen für den Winter geschlossen sind, herrscht über allem eine heitere Atmosphäre. Der Sand blendet mit seinen hellen Farben, verstärkt durch das flimmernde Silbergrün der Dünengräser und das tausendfache Glitzern zerbrochener Muschelschalen. Was aber erzeugt diese einzigartige Stimmung? Es ist die klare Luft, und es ist dieses Licht!

Auf dem Weg wollen wir den berüchtigten U-Boot Bunker der Kriegsmarine in La Pallice besichtigen, aber wir kommen nicht nah genug heran, erspähen die Monstrosität leider nur aus der Ferne. *Unansehnlich, unbenutzlich, unkaputtlich.* Die Organisation Todt lässt hier 500.000 m³ Beton in der Schalung erstarren. Noch viele französische Generationen werden an ihre freundlichen Nachbarn jenseits des Rheins erinnert werden. Nachdem der Bunker fertig ist, geht es bergab. Insgesamt bleiben vier von fünf U-Bootfahrern in einem nassen Grab. Der Rest ist hinreichend bekannt.

Buchheim

Der junge Chemnitzer Lothar-Günther Buchheim ist Pressesprecher der Hitlerjugend in Sachsen und wird später Presseamtsleiter des Nationalsozialistischen Deutschen Studentenbundes Er malt zwei Porträts von Admiral Karl Dönitz, wird in die »Staffel der Bildenden Künstler« aufgenommen und gehört zur Elite der NS-Propaganda. (Dies gibt er allerdings erst 2006 auf Nachfrage zu.) Er wird als Leutnant zur See und Kriegsberichterstatter nach Brest entsandt, um auf U96 das heldenhafte Leben an Bord der »Grauen Wölfe« auf Feindfahrt zu schildern. Als Brest von den Alliierten schon beinahe eingekesselt worden ist, wird Buchheim per U-Boot nach La Rochelle evakuiert und in die Heimat entlassen. Für ihn ist der Krieg vorbei.

Aus der zeitlichen Distanz schreibt er 1971 »Das Boot« und 1995 »Die Festung«, nun allerdings mehr realitätsbezogen und weniger heldenhaft. Noch einmal zieht er abgeklärt späten Nutzen aus der Existenz des Dritten Reiches. Trotz seiner 180°-Wendung finde ich beide Bücher durchaus lesenswert. Auf und zwischen den Zeilen.

Lothar-Günther Buchheim starb 89-jährig 2007 in Starnberg.

St. Denis d'Oléron

Am letzten Tag unseres Aufenthalts fegt ein kühler Wind durch die engen Gassen von La Rochelle. Ein Wetterwechsel kündigt sich an. Es ist der 17. Oktober 2023.

La Rochelle liegt am *Pertuis d'Antioche,* einer Meeresbucht, die im Nordwesten von der Ile de Ré und im Süden von der Ile d'Oléron geschützt wird. Sie gilt als Segelparadies. Um auf die letztere zu gelangen, muss man einen großen Bogen um den Meeresabschnitt schlagen. Das benachbarte Naturreservat ist ein beliebter Rastplatz für Zugvögel, die sich in den flachen Feuchtgebieten, Salzgärten, den Lagunen und Wattflächen nach tausenden Flugkilometern erholen und Nahrung finden. Ile d'Oléron ist 30 km lang und misst an ihrer breitesten Stelle 11 km. Die Gemeinde St. Denis mit Hafen, Marina und 1300 Einwohnern liegt ganz im Norden der zweitgrößten Insel Frankreichs. Nach 95 gefahrenen Kilometern sind wir doch nur zwanzig Kilometer Luftlinie von La Rochelle entfernt, so dass wir abends am Horizont die Lichter der Stadt sehen können. Und bei klarer Sicht ist die Brücke auf die Insel Ré zu erkennen.

Von Oléron stammen die besten Austern Frankeichs; wieder und wieder sehen wir an der Straße Hinweisschilder und Werbung für *Huitre d'Oléron.* Aber wir fahren auch durch das Anbaugebiet des *Vin de Pays Charentais.* Wein, Salz, Austern und Tourismus prägen die Insel. Viele Läden und Restaurants sind jetzt zu, die Saison ist definitiv zu Ende. Dem stimmt sogar das graue, windige Wetter zu. Überraschend mild sind jedoch die Temperaturen um 20°C. Der Golfstrom lässt grüßen. Dazu hat das Meer noch Sommerwärme gespeichert. Ein paar Hartgesottene baden oder surfen noch.

Unser Campingplatz liegt in den Dünen an der Nordspitze der Insel direkt am Ozean unter den lichten Nadelkronen eines Pinienwaldes. Ein idyllischer Ort eigentlich, wäre da nicht die kleine Überraschung, die auf uns wartet.

Wir kommen von deutschem Beton nicht los! Dies war der Stützpunkt »Ro 519 Taube«. Unterkünfte und leichtere Gebäude sind zerfallen oder demontiert, acht Bunker ohne Geschütze stehen noch. Hier wurde die Fahrrinne zwischen *Ile d'Oléron* und *Ile de Ré* überwacht, Schleichweg der U-Boote nach La Rochelle.

Die Recherche informiert:
Bewaffnung: vier 150mm Geschütze in Regelbauten 669
(Schartenstand für Feldgeschütze ohne Nebenräume).
Regelbau 627 liegt im Vorfeld der Dünen zwischen den Geschützen
(Artillerie-Beobachtungsstand mit Deckenplatte und Mauerscharte).

Unser WoMo steht perfekt waagerecht auf deutschem Wehrbeton, vermutlich dem Regelbau 627☺. Mit Seeblick von der Deckenplatte. Man gönnt sich ja sonst nichts. Um uns herum stehen die düsteren, geduckten Betonklötze, denen auch die bunten Graffitis nichts von ihrer Bedrohlichkeit nehmen können, obwohl die Geschütze längst entfernt wurden. Der »Regelbau 669« ganz vorne wird ständig so intensiv von der Brandung unterspült, dass er bereits schief steht.

Über einen Wanderweg an der steinigen Küste entlang gelangt man zum *Phare de Chassiron.* Der schwarz-weiß gestrichene 46 m hohe Leuchtturm wird 1836 am Ort seines Vorgängers aus dem Jahr 1685 erbaut, um die Seefahrer vor den Untiefen der felsigen Küste zu warnen. Die ist tückisch, denn der Landsockel reicht weit ins Meer hinaus, was man an der Färbung des Wassers erkennt. Besucher können den Turm bis zur oberen Plattform besteigen. Er erhebt sich aus einer peinlich gepflegten Gartenanlage in Form einer Windrose, die multimedial Information zur Geschichte des Leuchtturms, aber auch zur mannigfachen Bepflanzung bietet, von heimischen Gräsern bis zu 21 verschiedenen Arten von Rosen.

Am späten Abend beginnt es heftig zu regnen, gegen Mitternacht zieht ein heftiges Gewitter über uns hinweg. Blitze beleuchten die sturmgebeugten Bäume. Vom Meer grummelt die Brandung, vom Land grollt der Donner, und dazwischen rauscht der Wind durch die Pinien. Starke Böen rütteln an unserem Wohnmobil. Der Sommer verabschiedet sich mit einer formidablen Vorstellung.

Am Morgen regnet es noch immer stark. Bei der Vorbereitung zur Abfahrt werden wir klatschnass. Das Kabel einrollen, die Gasflasche zudrehen, Umsetzen zum Fassen von Frischwasser, danach zur Grauwasserstation fahren, schließlich noch die WC-Kassette leeren, bevor wir zur Kasse und zum Ausgang fahren. Und dann passiert es: Vor der Schranke springt der Motor nicht wieder an. Die Batterie schafft es nicht. Hinter uns reihen sich andere ein, die auch abreisen wollen. Aber wir blockieren jetzt die Schranke. *Un Grand Malheur!* Nerven behalten. Zum Glück hat der Campingplatz eine Power Bank und kann uns starten. Wir hoffen auf die Nachladung während der Fahrt und verschieben das Problem auf Bordeaux, unseren nächsten Halt.

Über die elegant geschwungene Brücke zum Festland verlassen wir die *Ile d'Oléron* unter einem düsteren, blauschwarzen Himmel und nehmen die Autoroute A10, auch als *L'Aquitaine* bezeichnet. Sie führt vom Pariser Süden nach Bordeaux und ist mit 557 km die längste Autobahn in Frankreich. Natürlich ist sie mautpflichtig. Der Bau wird 1960 begonnen und brauchte bis zur Fertigstellung ganze zwanzig Jahre.

Schon während der Bauphase nutzte ich die A10 das erste Mal, die damals zur Hälfte Baustelle mit Geschwindigkeitsbegrenzung war. Dafür existierte nicht eine einzige *gare de péage* (Mautstelle). Ich war mit meinem Dienst-Daimler unterwegs zu einem spanischen

Kunden im Baskenland. Besonders begeisterte mich der Parkplatz *Aire de Lozay* bei Kilometer 419. Mich lockte allein die Hinweistafel *Jardin de Sculpture Romaine*.

Neben den Parkbuchten mit Weinreben und Lavendel liegt in der Tat ein Kräutergarten mit römischen Säulen, Kapitellen, Skulpturen, sogar mit dem Nachbau des romanischen Portals der Kirche von *Echebrune* in der näheren Umgebung. Es ist eine weitläufige, klar gegliederte Anlage, wo es Spaß macht, sich die Beine zu vertreten. Für uns liegt er für einen Abstecher leider zu weit nördlich und zu weit im Landesinnern. Man kann nicht alles haben.

Bordeaux

Doch weiter im Text. Wir nähern uns Bordeaux, unserem nächsten Ziel. Die A10 endet hier und spaltet sich in zwei Stadtautobahnen. Stadteinwärts queren wir die *Garonne* auf der letzten Brücke vor dem Atlantik. Zwanzig Kilometer abwärts wird sich die Garonne mit der *Dordogne* vereinigen und den eindrucksvollen Mündungstrichter der *Gironde* bilden, den größten Europas, 45 km lang und 15 breit. Durch die Gezeiten gelangt Salzwasser tief in die Mündung und die beiden Flüsse, wodurch süßwasseraffine Organismen absterben und bestimmte Tone ausfällen, was dem Wasser seine lehmig-braune Farbe verleiht. Der Fluss führt Hochwasser, Baumstämme treiben träge vorbei, im Einzugsgebiet der Pyrenäen und im Zentralmassiv muss es heftig geregnet haben. Im *Village du Lac* am Messegelände im Norden der Stadt finden wir den Campingplatz nicht weit von der Endstation der Straßenbahn Linie C. Ideal! So kommen wir stressfrei und preiswert direkt in die Innenstadt, brauchen dort keinen Parkplatz zu suchen, sehen während der Fahrt eine Menge und kommen auf Tuchfühlung mit den Einheimischen.

Die keltische Siedlung wird von den Römern *Burdigala* genannt, Sumpfwasser auf aquitanisch, und galt wegen der Durchseuchung mit Malaria bei den Römern für eine Besiedelung als ungeeignet. Dass sie sich später dennoch hier niederlassen, ist strategischen und/oder kommerziellen Erwägungen geschuldet. Wein, Salz und Fisch bilden das Rückgrat des Handels und künftigen Wohlstands. Im Zenit ihrer Entwicklung ist Burdigala über die Via Aquitana mit Toulouse *(Tolosa)* und Narbonne *(Colonia Narbo Martius)* direkt verbunden, über die Via Agrippa mit Trier *(Augusta Treverorum)*, Marseille *(Massilia)* und Köln *(Colonia Claudia Ara Agrippinensium)*.

Linie C, die »Rosa Linie«, führt direkt zum historischen Kern der Stadt und hält auf der *Place de la Bourse,* dem Börsenplatz, so etwa die »Gute Stube«. Um das Gesamtbild nicht zu stören, wurde die Oberleitung in den Boden verlegt, wie bei einer Modelleisenbahn.

Der Platz grenzt an die Uferpromenade entlang der Garonne und bietet eine ganz besondere Attraktion für Groß und Klein, den *Miroir d'eau,* Wasser-Spiegel. Der Landschaftsarchitekt Michel Corajoud ließ sich vom winterlichen Hochwasser auf der Piazza San Marco von Venedig inspirieren und entwarf eine 130 m lange und 42 m breite Granitplatte mit einem nur 2 cm hohen Rand. Darunter ist ein Tank mit 800 Kubikmetern Wasser eingebaut. Aus hunderten Düsen wird dies auf die Platte gepumpt und bildet einen riesigen Spiegel. Hin und wieder versprühen die Düsen einen geheimnisvollen Wassernebel. Die Pointe: Man darf darauf herumlaufen. Ein Spaß für Kinder!

Die Stadt besticht nicht durch herausragende Einzelbauten, sondern durch die grandiose, fast vollständig erhaltene bauliche Anlage, die ihr historisches Bild bis heute bewahrt hat. Darin ist sie Städten wie Amsterdam oder Lissabon ähnlich. Sie veranlasste Victor Hugo zu der Bemerkung, Bordeaux sei eine Mischung aus Versailles und Antwerpen, also aus prunkvoller Palastarchitektur und vornehm repräsentativen Handelshäusern am Fluss.

La Porte Cailhau wird 1494 als Stadttor zu Ehren König Karls VIII erbaut, einem Zeitgenossen des Borgia-Papstes Alexander VI und Ferdinand von Aragón. Anlass war ein Siegeszug Karls in Italien und die Besetzung weiterer Gebiete. Dem folgten allerdings die Niederlage gegen die Heilige Liga von Venedig und sein militärischer und politischer Rückzug. Er starb mit 27, vermutlich an den Folgen der Syphilis. Das helle Mauerwerk kontrastiert zu den kegelförmigen Türmen aus grauem Schiefer. Auf dem Weg von der Uferpromenade zur *Place du Palais* muss man unter dem Fallgitter hindurch. Instinktiv gehen wir einen Schritt schneller.

Die *Porte Saint-Eloi* wurde auf den Resten eines Stadttors aus dem 13. Jh. erbaut. In ihr hängt die *Grosse Cloche*. Mit 2,1 Metern im Durchmesser wiegt sie 7800 kg, und sie wurde geläutet, um die Einwohner vor Bränden und Überfällen zu warnen oder wichtige Ereignisse anzukündigen.

Da hier der Jakobsweg aus der Stadt führt, mussten alle Pilger diese Pforte passieren. Die Tradition dauert bis heute an.

Im Gewölbekeller eines Handelshauses aus dem Jahr 1720 im Viertel der Kaufleute ist das *Musée du Vin et du Négoce* eingerichtet. Wir betreten ebenerdig Rezeption und Laden und gelangt über eine enge Treppe hinunter, wo allerlei Gerätschaften, Landkarten, Urkunden, und Weinfässer gezeigt werden. Ansehnlich ist ein Behaim-Globus. Ein rührend kleines Museum.

Mitten in der Altstadt stolpern wir beim Gang über den Flohmarkt fast über die spätgotische Kirche Saint-Pierre mit ihrem Portal, das mit kleinen Archivoltenfiguren geschmückt ist.

Die Garonne ist ein unberechenbarer Fluss. Hochwasserereignisse, die mitunter reißende Strömung und seine Breite waren schwierige Hindernisse für den Brückenbau. (Schlagendes Beispiel ist die Brücke von Avignon) 1808 wollte Napoleon eine Holzbrücke bauen lassen, um seine Truppen schneller nach Spanien marschieren zu lassen. Die Antwort der Stadtväter kam unisono: »Unmöglich!« Darauf soll der Kaiser angeblich erwidert haben: »Impossible n'est pas français!« (*Unmöglich ist unfranzösisch!*) Erst 1820 wurde aufgrund einer privaten Initiative mit der Errichtung einer Steinbrücke begonnen, der *Pont de pierre*. Von da an dehnte sich Bordeaux auch auf das rechte Ufer der Garonne aus.

Bordeaux hat etwa 260 000 Einwohner, die Metropolregion über 750 000. Hier ist viel los. Als wir am Abend Die Linie C zurück zum WoMo nehmen, drängen Hunderte lautstarker Jugendlicher in die Tram, viele kostümiert, Glitzer im Gesicht, Jungs wie Mädchen. Wir stehen eng wie die Sardellenfilets im Glas. Sie haben Limoflaschen dabei, die sie herumreichen, bieten mir einen Schluck an. Der Inhalt duftet eindeutig verstärkt. Ich frage einen, wohin sie denn wollen.

»Zum Musik-Festival«. Fasse nach, wie lange sie noch mitfahren. »Zum Messegelände. Bis zur Endstation.« Endstation. Endstation? Wir auch! Na dann.

Bordeaux gilt nicht nur als die zweite Hauptstadt Frankreichs, weil sowohl 1914/18 als auch 1939/45 der Regierungssitz von Paris nach hier verlegt wurde, sondern sie ist auch weltoffen. Mit 21 Städten auf fünf Kontinenten werden Partnerschaften gepflegt, darunter München, Bilbao, Los Angeles, Porto, Lima und Sankt Petersburg.

Als wir mit dem Finger auf dem Stadtplan herumfahren, springt uns deutsches Wort ins Auge: *Bunker*. Nein, nicht schon wieder! Aber doch, es gibt einen U-Boot-Bunker, den die über die Achse Rom-Berlin verbündeten Italiener bauten. Bis zu 30 Boote waren hier stationiert. 1944 war aus der Traum, die Alliierten besetzten das Areal. Auch dieser Bunker erwies sich aus Kostengründen als nicht abreißbar. Seit 2010 wird ein Viertel der Gesamtanlage als Zentrum für Ausstellungen, Veranstaltungen und darstellende Künste durch die Öffentlichkeit genutzt.

Zu guter Letzt haben wir noch eine Liste von Personen ausgegraben, die in Bordeaux geboren wurden und irgendwie mit Deutschland in Verbindung standen. Schauen Sie mal:

Friedrich Metzler, geboren am 17.09.1749 in Bordeaux, war ein deutscher Bankier, Gründer des Bankhauses Metzler, das bis heute besteht. Ihn verband eine lebenslange Freundschaft mit Johann Wolfgang von Goethe. Er starb in Offenbach.

Jacques-Henri Wustenberg, *1.10.1790. Seine Eltern wanderten 1768 aus Stettin in Pommern ein und eröffneten eine Weinhandlung. Der Vater war preußischer Vize-Konsul. Der einzige Sohn führte das Geschäft fort, wurde Präsident der Handelskammer, Mitglied des Stadtrates, Stellvertretender Bürgermeister und ab 1831 Mitglied der Nationalversammlung. König Louis-Philippe I adelte ihn außerdem.

Kritiker warfen ihm wüstenbergsche Cliquenwirtschaft vor. Er starb im Alter von 76 Jahren in Bordeaux.

Oskar Eduard Bénazet, *30,5,1801. Er war Sohn Jaques Bénazets, der 1838 die Lizenz der Spielbank Baden-Baden erworben hatte. Nach dessen Tod übernahm Oskar die Leitung und trug wesentlich zur Steigerung der Attraktivität Baden-Badens bei. So ließ er u. a. das Stadttheater am Goetheplatz bauen. In Iffezheim (Rheinschleuse) investierte er in den Bau einer Galopprennbahn mit drei Tribünen. Er starb 1867 in Nizza.

Armand Heine, *1818 und *Michael (Michel) Heine*, *19.4.1819, waren Cousins des Dichters Heinrich Heine. Beide arbeiteten als Bankiers. Armand verbrachte sein Leben in Bordeaux, während Michel in die USA auswanderte, aber 1883 in Paris verstarb.

Jean Daniel François Schrader, *11,1,1844. Sein Vater war Preuße, wanderte aus Magdeburg ein und heiratete eine in Bordeaux lebende Hugenottin. Jean war einer der bedeutendsten Kartographen und Alpinisten des 19 Jh. In den Pyrenäen wurde der *Pic Schrader* nach ihm benannt. Er wurde 1889 zum Ritter der Ehrenlegion ernannt. Er starb 1924 in Paris.

Fritz Nonnenbruch, *26.3.1895, war leitender Wirtschaftsredakteur des Völkischen Beobachters. Er verfasste Broschüren und Bücher im Auftrag der NSDAP. Die akademischen Zeitgenossen bezeichneten seinen Schreibstil als journalistisch, nicht als wissenschaftlich. Seine 1941 an die Reichsuniversität Straßburg eingereichte Bewerbung wurde abgelehnt.

Mit telefonischer Unterstützung über die hot line des ADAC finden wir in einem kleinen, verwinkelten Gewerbegebiet ganz im Süden von Bordeaux eine Werkstatt, die unsere Batterie austauscht. Während der Zeit blockiert unser paralysierter Kasten den engen Werkstatthof.

Eleonore

1968 wird Katherine Hepburn der Oscar für ihre Rolle der Eleonore von Aquitanien im Film »Der Löwe im Winter« verliehen. Ihr Gatte Heinrich wird von Peter O'Toole, ihr Sohn Richard Löwenherz von Anthony Hopkins und der französische König Philipp II von Timothy Dalton dargestellt. Mehrere Romane und Theaterstücke befassen sich mit dem Leben dieser außergewöhnlichen, einflussreichen Frau des Mittelalters, Herzogin von Aquitanien, Königin von Frankreich, dann Königin von England, beides durch Heirat. Beliebt ist sie nicht, eher respektiert, folgt man Veröffentlichungen von Historikern. Aber die Quellenlage ist dünn. Zu ihrer Zeit gibt es keine neutrale Journaille. Bezahlte Hofschreiber und unbezahlte Satiriker schreiben Geschichte. Und so verselbständigen sich Legenden, die sie in die Nähe einer notorischen Ehebrecherin, Mörderin von Mätressen ihres Mannes und machthungrigen Intrigantin stellen.

Wer war diese Frau?

Eleonore wird 1124 in Poitiers geboren und entstammt der Dynastie der Herzöge von Aquitanien, Nachfolger der Karolinger und Herrscher über das größte Herzogtum in Frankreich. Sie heiratet den Thronfolger und designierten König Ludwig VII von Frankreich in der Kathedrale Saint-André von Bordeaux. Ludwig ist im Gegensatz zu Eleonore sehr genügsam, bescheiden, tief gläubig. Am schlichten Hof der Kapetinger in Paris führt sie feinere Sitten ein, die sie aus ihrer Heimat im Süden gewohnt ist. Sie besteht auf Tischdecken und Servietten und weist die Pagen an, sich vor dem Servieren der Mahlzeiten die Hände zu waschen. Sie umgibt sich mit heimischem Gefolge, fördert Mode, Dichtung und Minnesang, und stößt damit die altgedienten Höflinge vor den Kopf. Ludwigs Berater begrenzen ihren Einfluss gezielt. Trotzdem achtet sie erfolgreich darauf, dass ihr Herzogtum nicht von der Krone usurpiert wird, sondern bewahrt dessen Autonomie. 1147 nimmt Eleonore mit Ludwig VII am Zweiten Kreuzzug teil. Obwohl Eleonore eine Tochter und einen Sohn zur Welt bringt, wird die Ehe nach 15 Jahren annulliert.

Kurz darauf heiratet sie den jungen Heinrich Plantagenet, Herzog von Anjou und der Normandie. Er ist gleichzeitig Anwärter auf den englischen Thron. Zwei Jahre darauf werden sie in der Westminster Abbey als englische Monarchen gekrönt. Dies soll zu einem Konflikt führen, der die beiden Königreiche England und Frankreich über 300 Jahre beschäftigen wird, denn Heinrich II beginnt, die im Besitz der Familie befindlichen Territorien zu einem Herrschaftsgebiet zu formen, das sich von den Pyrenäen bis hinauf an den Hadrianswall erstreckt. An der gemeinsamen, über 1000 Kilometer langen Grenze kommt es immer wieder zu gegenseitigen Gebietsansprüchen.

Zwischen den willensstarken Eheleuten kommt es zunehmend zu Differenzen und zeitweisen Trennungen, dennoch gebiert Eleonore sechs weitere Kinder, darunter Richard Löwenherz. Um das Jahr 1169 entscheidet sie sich für den dauernden Aufenthalt in Aquitanien und übernimmt dort die Regierungsgeschäfte. Als zwei ihrer Söhne mit Unterstützung Ludwigs gegen Heinrich rebellieren, vermutet der dahinter eine Intrige Eleonores, lässt sie 1173 festsetzen und in England unter Hausarrest stellen. Dort sollte sie 16 Jahre bis zum Tod Heinrichs II im Jahr 1189 verbleiben.

1192 tritt Richard Löwenherz die Heimreise vom Dritten Kreuzzug an. Er reist inkognito durch das Gebiet Leopolds V von Österreich. Er wurde jedoch erkannt, gefangen genommen und an den römisch-deutschen Kaiser Heinrichs VI übergeben, dessen Ehre er zuvor verletzt hatte, und in der Burg Trifels interniert. Eleonore treibt das geforderte Lösegeld auf und begleitet ihren Sohn nach England. 1204 verstirbt Eleonore 80-jährig und wird neben Heinrich II und Richard Löwenherz beigesetzt.

Biarritz

Seine Existenz verdankt Biarritz wahrscheinlich dem Walfang im Mittelalter, denn die Meeressäuger konnten in einer hinter einem Felsenvorsprung geschützten Bucht bei Hochwasser auf den flachen Strand geschleppt und dort zerlegt werden. Das Walfett wurde als Lampenöl verkauft, aus der Haut wurden Hüte oder Möbel gefertigt, aber als Kostbarkeit galt die protein- und nährstoffhaltige Zunge, die bis zu vier Tonnen wiegen kann. Dieser extrem gut durchblutete Muskel ist auch bevorzugte Speise der Orcas. Im 17. Jh. waren die Wale ausgerottet, die die Biskaya besuchten. Der lukrative Walfang war zu Ende. Biarritz versank bis ins 19. Jh. in Bedeutungslosigkeit.

1854 weilte *Maria Eugenia Ignacia Augustina de Palafox de Guzmán y Kirkpatrick*, gebürtige Spanierin, Ehefrau von Napoleon III und ipso facto Kaiserin *Eugénie*, zwei Monate im rauen Seeklima. Ihr zuliebe ließ der Kaiser daraufhin eine Residenz bauen, die das Paar im Sommer regelmäßig aufsuchte – und damit in den Kreisen des europäischen Hochadels Biarritz zum Geheimtipp werden ließ. Um 1900 sollen bereits 10 000 Sommerbesucher nach Biarritz gereist sein. 1957 werden hier Dreharbeiten nach Hemingways Roman »Fiesta« durchgeführt. Dabei brachten der Drehbuchautor Peter Viertel und der Produzent Dick Zanuck den Surfsport nach hier. Biarritz wurde zu einer der Hochburgen dieses Sports weltweit.

Wir sind im französischen Teil des Baskenlandes, bei klarem Wetter werden am südlichen Horizont die Pyrenäen sichtbar. Von hier zur spanischen Grenze sind es noch schlappe dreißig Kilometer.

Bismarck

Die folgende Geschichte lasse ich den wahren Helden unter den drei Beteiligten erzählen. So könnte sie sich zugetragen haben:

»Ich bin Pierre Lafleur, einer der Leuchtturmwärter in Biarritz. Am 22. August 1862 hatte ich die Frühschicht von 6 bis 14 Uhr. Meine Aufgabe ist, die Lampen zu pflegen, die neuen Fresnel-Linsen sauber zu halten und alle Schiffsbewegungen in ein Logbuch einzutragen. Unterhalb des Turms befindet sich eine versteckte Felsenbucht, die gern von Pärchen besucht wird. Seit ein paar Tagen bemerkte ich ein Paar, das sich aus verschiedenen Richtungen kommend dort einfand. Sie hatten die Kapuzen ihrer Bademäntel hochgeschlagen, umarmten sich, küssten sich und redeten miteinander, bevor sie die Bademäntel auszogen, in einer Felsennische verstauten und ins Meer gingen.

Er sah aus wie ein hoher Beamter mit gepflegter Moustache, wenig Haar auf dem Kopf und fast zwei Meter groß. Sie war wunderschön, zierlich, mit schwarzen hochgesteckten Haaren. Ich war unten am Fuß des Turms, um Lampenöl abzufüllen, als ich ihre Rufe hörte. Ich sah aufs Meer und bemerkte, dass wir heute wieder einmal diese Strömung hatten, die einen rasch aus der Bucht hinauszieht. Man kann schon in Panik geraten, wenn plötzlich das Land schnell immer kleiner wird. Ich kannte das. Die Frau ruderte wild mit den Armen, mit vor Angst geweiteten Augen, bleich. Der Mann schwamm zu ihr, wollte sie beruhigen. Ohne Erfolg.

Ich rannte die Stiege hinunter, zog mich aus und schwamm hinaus, aber nicht hinter ihnen her, sondern von der anderen Seite der Bucht ihnen entgegen. Ich wusste, die Strömung würde sie wieder in die Bucht spülen, direkt auf mich zu. Der Mann rief mir, ich solle die Frau an Land bringen, er würde es schon allein schaffen. Ich schrie zurück, er solle mit Wassertreten seine Kräfte schonen. Am Strand trug ich die Frau zur Nische und deckte sie mit ihrem Badmantel zu. Dann holte ich den Mann heraus und spurtete zu meinem Turm und nahm meine Arbeit wieder auf. Nach Ende meiner Schicht berichtete ich meinem Vorgesetzten, dem Hafenmeister, worauf der mich zu Stillschweigen verdonnerte.«

Doch von der Kante der Steilküste hatte einer dieser neugierigen Zeitungsmenschen das Geschehen beobachtet und recherchiert. Die Morgenausgabe des nächsten Tages berichtet auf der Titelseite: Preußischer Botschafter und russische Botschaftergattin aus Seenot gerettet. Die geheime, delikate Liaison zwischen dem designierten

preußischen Ministerpräsidenten Otto von Bismarck und Fürstin Katharina Orlowa, Gemahlin des Fürsten Nikolai Alexejewitsch Orlow aus Sankt Petersburg ist nicht mehr geheim. Lafleur wird belobigt und ist über Nacht berühmt.

Das Tragische geschieht: Wenige Wochen nach seiner Heldentat ertrinkt Pierre Lafleur selber im Atlantik und hinterlässt seine schwangere Frau. Nach der Geburt adoptieren Katharina und Otto das Kind, und taufen den Jungen nach Bismarck *Othon-Edouard*.

Hätte das bekannte Boulevardblatt damals existiert, wahrscheinlich hätte es geschlagzeilt:

PREUSSISCHER JUNKER ADOPTIERT WELSCHE WAISE.

Seine Frau Johanna, geb. von Puttkamer, verzeiht dem 47-jährigen dreifachen Familienvater, und die beiden bleiben einander fast 50 Jahre verbunden. Otto setzt sein politisches Wirken unbeirrt fort.

1870 bewirbt sich Erbprinz Leopold aus der Hohenzollern-Linie von Sigmaringen um den spanischen Thron, nachdem die Militärs zwei Jahre zuvor Königin Isabella von Bourbon verjagt hatten. In dieser Kandidatur sieht Frankreich einen unerwünschten Machtzuwachs Preußens in Europa und fühlt sich bedroht. Leopold zieht seine Kandidatur zurück. Paris ist damit jedoch nicht zufrieden. Im Kurort

Bad Ems übermittelt der französische Botschafter dem kurenden König Wilhelm I von Preußen die Forderung eines fortdauernden Verzichts der Hohenzollern auf die spanische Krone, abgesichert durch eine Garantie Preußens. Wilhelm lehnt dies als unzumutbar ab und telegraphiert den Entwurf einer Antwort an Bismarck nach Berlin, mittlerweile preußischer Ministerpräsident, zum offiziellen Versand nach Paris. Der verändert den Wortlaut so geschickt, dass Preußen nun als Opfer einer Aggression Frankreichs dasteht. Die allbekannte »Emser Depesche« lässt nun Frankreich als Aggressor vor aller Welt dastehen. Aufgebracht erklärt Napoleon III dem Land Preußen den Krieg.

Als die Franzosen nach ihrer Niederlage 1871 dulden müssen, dass Bismarck ausgerechnet im Schloss Versailles das Deutsche Reich proklamiert und Wilhelm zum Deutschen Kaiser ausruft, hätten sie den Lebensretter Lafleur lieber verflucht.

San Sebastián

Wir sind auf der Iberischen Halbinsel angekommen. San Sebastián an der *Bahía de la Concha*, der Muschelbucht, ist die erste Station. Von der Uferpromenade schlendern wir zur Talstation des Funikular auf den *Monte Igeldo*. Trotz bedeckten Himmels ist die Aussicht auf die Stadt von dort oben traumhaft. Die Standseilbahn funktioniert zwar, ist aber schon ziemlich am Ende ihrer Lebenserwartung. Irgendwie haftet ihr der Muff des Franco-Regimes an, empfinde ich. Oben befindet sich ein ebenso ergrauter Abenteuerspielplatz für Kinder, der aber jetzt bereits Winterschlaf hält. Wir entdecken in der Ferne den Turm der Kathedrale, in deren direkter Nähe sich die Markthalle und die Altstadt befinden, unsere Ziele für morgen. Wenn wir richtig kombiniert haben, fährt von unserem WoMo-Standort die Buslinie 33 dorthin.

Die Nacht war mild und sternenklar, doch der Morgen enttäuscht. Es regnet unaufhaltsam. Alles ist eine Sache der Kleidung. Gegen Mittag nehmen wir den Bus. Die Kathedrale ist dreischiffig gebaut, eine streng gotische Basilika. Das umliegende Viertel strahlt gediegenen Wohlstand aus, fünfgeschossige gepflegte Wohnhäuser, saubere Gehwege und Straßen (nicht nur weil es regnet), überall im Erdgeschoss sehen wir Läden für den gehobenen Anspruch. Die Markthalle ist eher ein riesiger Supermarkt ohne die gewünschten Gourmet-Ecken. Schade. Aber wir finden ein kleines Restaurant, das stark von den Einheimischen frequentiert wird. Es bietet ein günstiges Tagesmenü an, *Pasta de Patata con Carne*, einschließlich Getränk und eine Nachspeise, für 11 €. Nur der *cafe corto* ist extra. Da kann man nicht meckern. Hier sind wir gut aufgehoben. Danach wagen wir noch einen Rundgang zum Yachthafen. Vom Meer zieht Nebel herein. Ziemlich durchgeweicht kommen wir wieder am WoMo an. Die Heizung aufdrehen und die Klamotten trocknen, dann gemütlich machen ist die Devise.

Logroño

Wir machen einen kleinen Schlenker ins Landesinnere nach Logroño in *La Rioja*, dem bekannten Weinbaugebiet. Der Name besagt nichts anderes als Gegend um den Fluss *Oja*, *Río Oja*, *Rioja*. Von der *Costa Verde*, Grüne Küste, wie die Spanier ihren Abschnitt der Biakaya nennen, führt die Autobahn bis auf über 600 m Seehöhe durch schroffes Bergland mit viel Wald. Wir fahren durch gefühlte zwanzig Tunnel.

Übrigens: die Waldflächen im Vergleich:

Schweden	280.000 km^2	68,7% seiner Landfläche
Finnland	224.000 km^2	73,7% seiner Landfläche
Spanien	185.000 km^2	37,2% seiner Landfläche
Frankreich	172.000 km^2	31,7% seiner Landfläche
Deutschland	114.000 km^2	32,7% seiner Landfläche

Spanien steht gar nicht so schlecht da, trotz der wiederkehrenden Wasserknappheit während der Sommermonate. Sie sind Meister im Bau von Stauseen, *embalse* genannt. Durch lange Kanäle kann Wasser von den regenreichen Gebieten im Norden bis nach Andalusien geleitet werden. Sehr zum Ärger der Nordspanier, wenn das kostbare Nass dann für Golfanlagen vergeudet wird.

Google Maps führt uns souverän zu unserem ausgesuchten Campingplatz nahe am Ebro. Der entspringt im Kantabrischen Gebirge und mündet nach 910 km bei Tarragona ins Mittelmeer. Er führt Hochwasser vom Regen der letzten Tage im Norden.

Räder flottmachen und ab in die Stadt. Der mittelalterliche Kern liegt am Südufer, und wir lernen drei Brücken kennen, die gemauerte Steinbrücke *puente de de piedra*, die genietete Stahlbrücke, *puente de hierro*, und die an Seilen hängende Fußgängerbrücke *pasarela peatonal*. Auf einem alten Schornstein entdecken wir einen einsamen Storch auf seinem Nest, er hat sich durch sein Klappern verraten. Spät dran, der gute. Er wird wohl den Nachbrenner einschalten müssen, um seine Genossen noch vor Afrika einzuholen. Am Marktplatz finden wir das rustikale Restaurant *rojo y negro*, in dem peruanische Musik vom  Band läuft, der Walzer »Buena Estampa«, was uns der Inhaber auf Nachfrage bestätigt. »Aber die Sängerin ist spanisch!«, fügt er hinzu. Hier gibt es *Plato del Día für* 15 € pro Nase. Getränke und

Dessert inklusive. Das können sich auch spanische Rentner leisten, und wir sind fast die einzigen Touristen.

Die Stadtmauer ist in wenigen Resten erhalten und zeugt von großer Wehrhaftigkeit. Die geht auf die Kelten zurück und wurde oft auf die Probe gestellt, durch die Römer, die Westgoten und zuletzt die Mauren, die sie *Die Weiße* nannten, *Albaida*. Die vereinigten spanischen Heere der Reconquista eroberten die Stadt erneut. Heute fehlen Zeugen maurischer Architektur. Keine Moschee, die jetzt Kirche ist, kein ehemaliges Minarett, von dem heute etwa Glocken scheppern. Alles wurde abgerissen.

Erst die zunehmende Wichtigkeit des Pilgertums nutzte Logroño, denn es liegt am Hauptzweig des spanischen Jakobsweges und besaß ab dem 11. Jh. große spirituelle und wirtschaftliche Bedeutung, nicht zuletzt auch durch den Weinhandel und die verwandten Gewerke. Alle wichtigen Kirchen wurden im gotischen Stil errichtet und zur Zeit des Barock oft erweitert.

Heute sind die Brücken voller Menschen, Zuschauer einer Kajak-Regatta unter ihnen. Sie feuern ihre jeweiligen Teilnehmer kräftig an, mal der eine den einen, dann der andere den anderen. Wir wollen uns die Kathedrale von innen ansehen und platzen wieder einmal in eine Eucharistiefeier, ein Abendmahl. Die Orgel hat einen vollen, warmen Klang. In der Pause bis zur nächsten Messe wollen wir hinter den Hauptaltar, da dort ein Gemälde von Michelangelo hängt. Wir finden das Hinweisschild, aber das Gemälde hängt in 5 m Höhe! Da erkennen wir nichts mehr. Und schon eilt der *sacerdote* in der weißen Soutane heran. *»Hay mesita, hay mesita!«* Während der Heiligen Messe ist dieser Bereich für Touristen *prohibido*, verboten. Freundlich, aber bestimmt schiebt er uns in Richtung des roten Bandes, das gerade vor dem Altar gespannt wird.

Virgen del Mar

500 m über dem Meer und durch weitere zwanzig Tunneln nähern wir uns Santander und sehen das Meer wieder. Als die Häuser aussehen wie in Bayern, auskragende Dächer mit flacher Neigung, Fenster mit Läden und in die Mauern eingebaute Feldsteine, sind wir im Baskenland. In den üppig grünen ländlichen  Gebieten sehen wir Wohn- und Wirtschaftsgebäuden. Auf saftigen Weiden grasen Kühe. Alles ist so vertraut. Allgäu by the Sea? Nicht ganz. Hier gedeihen auch Palmen und Eukalyptus! Im Hintergrund stehen nicht die Alpen, sondern die Kantabrischen Kordilleren, die westliche Fortsetzung der Pyrenäen.

Unser heutiger Stellplatz heißt *Virgen del Mar* nach der kleinen gleichnamigen Ermita. Der kurze schmale Strand ist 300 m weit weg. Zwei Glocken schlagen Stunden und Viertelstunden in der hoch aufragenden *espadaña*, dem Ersatz eines Glockenturmes. Sie erinnert mich immer an die typischen, häufig genutzten Kulissen in Westernfilmen.

Bei Hochwasser ist die *Isla Virgen del Mar* mit der kleinen Kapelle vom Land getrennt und nur über eine Fußgängerbrücke erreichbar. Der geräumige Parkplatz davor lässt ahnen, dass hier im Sommer einiges los ist.

Der Campingplatz lässt kaum Wünsche offen. Es gibt einen Laden, einen Pool, ein Restaurant, man kann sogar Bungalows mieten. Alle Stellplätze für Caravans und Wohnmobile sind auf Rasen angelegt und mit 230 V versorgt. Wenn man das Meer auch nicht sehen kann, man kann es hören und riechen. Schön hier.

Altamira

In der Nähe von Santillana, 32 km südwestlich von Santander weist ein Hinweisschild auf die bekannte Höhle hin. Schon zu Schulzeiten ist die Altamira-Höhle Teil des Lehrstoffs in Geschichte. Die Suche nach einem vermissten Jagdhund führte den Jäger im Jahr 1868 zum verstürzten Eingang. Er mel

dete den Fund dem Grundherrn von Santillana, dem Wissenschaftler *Don Marcelino Sanz de Sautuola*. Erst dessen fünfjährige Tochter entdeckte die Malereien, da sie in der Höhle aufrecht gehen konnte.

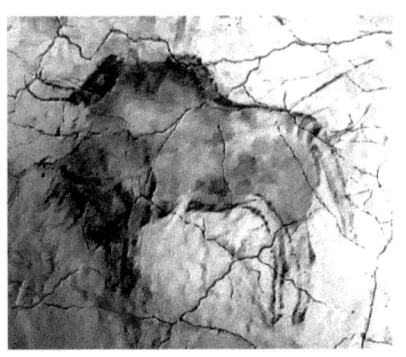

Sanz begann zu graben und verfasste einen Bericht, der in der Fachwelt, insbesondere der französischen, für einen *fake* gehalten wurde. Erst als 23 Jahre später ebenfalls im Département Dordogne gleichartige Höhlen-zeichnungen gefunden wurden, folgten 1902 die Anerkennung und eine Entschuldigung.

Altamira wurde zu einem Publikumsmagnet. Allerdings sorgten die Atemluft der Besucher und eingeschleppte Mikroorganismen für schwere Schäden an den Gemälden, so dass die Höhle 1979 für die Öffentlichkeit unerbittlich gesperrt werden musste. Heute kann man die originalgetreue Nachbildung des Eingangsbereiches von 1500 m^2 ansehen. Der Bereich wurde mit 40 000 Punkten pro Quadratmeter dokumentiert und mit bemalten Schaumstoffplatten und Matten abgebildet. Die *Neocueva* entstand, die »Neuhöhle«. Sie ist wirklich beeindruckend.

Die Höhle wurde von etwa 35 000 Jahren v. Chr. bis zum Einsturz des Zugangs 11 000 v. Chr. benutzt. Die Malereien haben ein Alter von 16 000 bis 13 000 Jahren.

Weiter geht es in Richtung Westen.

Welch Konstruktion! Welch Streckenführung! Welch Küstenstraße! Geschwungene Kurven, Brücken und Tunnel lösen einander ab, der längste an die zwei Kilometer. Wenn er dich dann ausspuckt, grüßen zu beiden Seiten hinter den Leitplanken die Blüten des Weißen Pampasgrases im Gegenlicht. Links ragen im blauen Dunst die hohen Berge der Kantabrischen Kordilleren empor und rechts dehnt sich azurblau das Meer bis zum Horizont. Wo sich aus den Bergen kommende Flüsse ihren Weg zum Meer gespült haben, überspannen weiß lackierte kühne Brücken die tiefen Schluchten.

Wir verlassen die Provinz Kantabrien und erreichen bald Asturien. Ich erinnere mich an das berühmte Gitarrenpräludium *Asturias* zur Suite *España* von Isaac Ibáñez. Ursprünglich für Piano geschrieben, dann von Andrés Segovia für Gitarre transkribiert, folgt das Stück lupenreiner andalusischer Tradition. Warum es den Namen der nördlichsten, kühlen Provinz Spaniens trägt, bleibt im Verborgenen. Aber man muss nicht alles hinterfragen.

Pelayo

wird um 685 geboren und entstammt dem westgotischen Adel, der sich während der fast 300jährigen Herrschaft über die iberische Halbinsel der römisch-antiken Kultur auffallend angenähert hatte. Pelayo, lateinisch *Pelagius* nach dem verehrten Soldatenheiligen, wird Leibwächter von König Roderich am Regierungssitz in *Toletum* am Tajo, dem späteren Toledo. Im Kampf gegen das Heer der Berber und Araber im Süden Spaniens fällt König Roderich in der Schlacht am *Río Guadelete* im Jahr 711. In der Folge erobern die Invasoren die gesamte iberische Halbinsel. Pelayo kehrt bald in seine Heimat Asturien zurück und lebt dort unter der Herrschaft des maurischen Gouverneurs Munuza. Zeitweise tritt er sogar in dessen Dienste.

Unbeobachtet von den Berbern und Arabern, *moros*, Mauren, schart Pelayo seine Getreuen um sich und lässt sich 718 zum König wählen. Damit ist das Königreich Asturien das erste christliche Königreich auf der iberischen Halbinsel. Pelayos Ziel ist, die Mauren allmählich zurückzudrängen. Über die kriegerischen Auseinandersetzungen existieren widersprüchliche Berichte beider Seiten, die jeweils zur Rechtfertigung der eigenen Entscheidungen formuliert werden. Fest steht mit großer Wahrscheinlichkeit, dass Pelayo eine Art Guerillataktik anwendet. Das gestaltet die Verfolgung der ortskundigen Kämpfer im Bergland Asturiens durch die maurischen Truppen sehr schwierig. Erst vier Jahre später unternehmen sie einen ernsthaften Versuch, den Aufstand zu bekämpfen. Im Gefecht von Covadonga besiegt Pelayo 722 eine maurische Streitmacht. Dieser Erfolg gilt als der Ausgang der nun beginnenden Reconquista, der Rückeroberung der besetzten Gebiete. Sie wird mehr als 700 Jahre dauern. Bereits im Mittelalter wird Pelayo zum Helden des aufkeimenden nationalchristlichen Spaniens verklärt.

Man muss es sich auf der Zunge zergehen lassen: Im durchgängig maurisch kontrollierten Spanien etablieren sich nacheinander vier christliche Königreiche!

Nach der Gründung des Königreichs Asturien im Jahr 718 folgen:
824 das baskische Königreich Navarra
850 die Grafschaft Kastilien
910 das Königreich León als Nachfolge des Königreichs Asturien und
1035 das Königreich Aragón aus der Abspaltung vom baskischen Königreich Navarra, Es soll bis 1707 bestehen.
1037 vereinen sich León und Kastilien

Perlora

Von **Perlora** führt eine breite Promenade um die Bucht herum zum Hafen von Candás. Ein mächtiger Wellenbrecher aus Betonklötzen schützt den früheren Fischereihafen vor der Brandung der Biscaya. Heute erfreuen sich die leichten Bootsstege die Boote der Landratten dieses Schutzes. Dann bemerkt Ute die großen Poller, die auf den Kaimauern still vor sich hin rosten. »Hier müssen mal richtig große Schiffe festgemacht haben.« Wir recherchieren.

Im Ort steht eine stillgelegte Konservenfabrik der Firma *Ortiz*. Der Kai erlaubt das Anlanden größerer Mengen Fracht, aber dieser Kai ist ungenutzt. Hier und da deuten alte Hinweistafeln auf Sardinen hin. Aber nur 3% oder 199 Personen arbeiten in Fischfang, Ackerbau und Viehzucht zusammengenommen, sagt die offizielle Statistik im Internet. Im Hafen liegen keine Fangschiffe, sondern Segelboote und Motorboote zum Angeln. Die Hälfte von ihnen wurde bereits für den Winter andernorts eingelagert, ihre Liegeplätze sind verwaist.

Im 13. Jh. war Candás führend in Asturiens Walfang.
Im 18. Jh. blühte das Handwerk des Salzens und Beizens auf.
Im 19. Jh. wechselte man zur Herstellung von Konserven,

im 20. Jh. entdeckte der Tourismus diesen schönen Küstenabschnitt. Vielleicht gaben auch Überfischung und Quotenregelungen den Anstoß zum Strukturwandel. Wer weiß.

Ahoi, Tourismus!

San Cibrao

Unser Wunschplatz ist wegen Sturm geschlossen. Wir weichen nach San Cibrao aus, im äußersten Nordwesten der iberischen Peninsula, ohne Strom, Wasser und Sanitäranlagen, direkt am Meer. Außer uns stehen hier noch zwei Wohnmobile mutiger Besitzer.

Die Nacht wird unruhig, Beaufort 6 bis 8 rütteln am Aufbau. Dreimal wecken uns Blitze und Donnergrollen. Sturmtief Ciarán rüttelt mit viel Kraft am WoMo, während Regen auf das Dach prasselt. Am Morgen ist das Meer aufgewühlt, weit draußen leuchten Schaumkronen auf den Wellen. Immer noch mindestens Beaufort 6. Wir erkunden die vorgelagerte Halbinsel mit Leuchtturm und freuen uns - ziemlich durchgeblasen - auf einen ziemlich heißen *café con leche* in einer ziemlich geheizten Bar.

Wie gehen vor Abfahrt noch zur Post, um zwei Stofftierchen an die Enkelchen zu schicken. Ute hält mich fest, damit der Sturm mich Leichtgewicht nicht fortbläst. Am Tresen lernen wir die spanische Liebe für Formulare kennen, weil wir das Päckchen unversichert einschreiben wollen.

Im Mittelalter wurden hier Karavellen gebaut. Da sich nur wenige Touristen nach hier »verirren«, hängt die Existenz des 2000-Seelen-Dorfes vom Fischfang und vom Aluminiumwerk der Alcoa ab.

Im Ort fällt auf, dass der Baustil mehr portugiesische Elemente aufweist, je weiter wir nach Westen vorankommen. Balustraden oder verschnörkeltes Schmiedeeisen an den Balkonen, farbig umrahmte Fensterlaibungen und Feldsteine im Mauerwerk.

Noch etwas fällt auf: in vielen Wörtern tauchen Schreibweisen auf, die portugiesisch anmuten. Straßen heißen *rúa*, nueva schreibt sich *nova*, tienda *tenda*, puerto *porto*, Endungen wie -era sind hier -eira usw. Die Menschen nennen sich Gallegos. Wir sind in Galizien, einer der vier Sprachregionen: Galizisch, Baskisch, Katalanisch und Kastilisch. Bei genauem Hinsehen ist aber Baskisch die einzige Sprache, die sich komplett von den anderen abhebt, sie ist weder romanisch noch germanisch, und keiner weiß wirklich, wo ihr Ursprung liegt. Die anderen drei können gemeinsame romanische Wurzeln nicht leugnen.

Herbstliche Farbtupfer durch verfärbtes Laub sind hier selten. Wo man hinsieht, Eukalyptus. Oft als Plantage in Reih und Glied. Und dessen blaugrüne Blätter schimmern zwar silbrig im Wind, werden aber nicht bunt. Pinien, Fichten oder Kiefern sind höchst selten. Es scheint, als hätten diese Xenophyten die einheimischen Hölzer bereits weitgehend verdrängt. Wie auch immer, sie tragen wesentlich dazu bei, dass wir im »Grünen Spanien« sind.

Und grün ist es!

La Coruña

Unser Navi lotst uns durch das Verkehrsgewühl der Großstadt zur Marina. Dort stehen uns alle Einrichtungen des Yachthafens zur Verfügung. Wir stehen sicher und waagerecht auf dem Beton-dach einer Tiefgarage praktisch im Windschatten des hypermodernen Turmes des Hafenmeisters, in dessen beschichteten Glasflächen sich die mittelalterliche Bastion *San Antonio* spiegelt. Kein Gras-boden, der aufweichen kann oder den Reifen bei Abfahrt den *grip* nimmt. Die Rezeptionistin ist  Deutsche, die seit 23 Jahren hier lebt. Im Untergeschoss liegen WC und Duschen, alles modern und sauber, mit 5-stelligem Code auf einer Tastatur zu öffnen. Es gibt Räume für Yacht-Besitzer und WoMo-Besitzer. Wir bekommen den Code für beide.

Wieder erleben wir eine bewegte Nacht, unser Schlafzimmer ruckelt und wackelt im Sturm. Hin und wieder regnet es wild. Tropfen trommeln auf unser Dach.

Zum Frühstück reißt der Himmel auf. Die Sonne scheint. Wir steuern die Touristen-Info an. In Regenzeug zur Sicherheit. Der 59 Meter hohe Herkules-Turm aus der Römerzeit und das naturwissenschaftliche Museum sind wegen Sturm geschlossen. Ebenso dürfen die Strände nicht betreten werden. Also erkunden wir die Altstadt. Von der frühen Stadtanlage ist nach dem Beschuss durch englische Kriegsschiffe unter dem Befehl von Sir Francis Drake 1598 zur Zeit Philips II nur wenig übrig geblieben. Übrig sind die engen Gässchen mit den kleinen pittoresken Bars und Taperias.

Als die Sonne herauskommt, gehen wir die fünf Minuten zum *Castillo San Antonio*. Der Bau des maritimen Forts auf einer Insel in der Bucht von La Coruña wurde 1522 geplant, aber erst 1588 begonnen. Von Beginn an wurde eine Landverbindung angedacht, aber erst im 20. Jh. verwirklicht. Über diese schreiten wir beherzt auf das düstere, teilweise bemooste Gemäuer zu. In geballter Form wird uns die Geschichte Galiziens von den Kelten 800 v.Chr. gezeigt, die Nutzung des geschützten Hafens durch die Phönizier und die Romanisierung

Im 5. Jahrhundert war *Corunium* zeitweise die Hauptstadt der aus dem Ostseeraum eingewanderten Sueben, deren Namen bis heute durch die Schwaben überlebt. Westgoten und Mauren hinterließen keine bleibenden Spuren in dieser rauen Ecke Iberiens.

Sühne

Irgendwo im Land der Franken und Bajuwaren.

Herman kniete unbequem im engen Beichtstuhl.
»Im Namen des Vaters und des Sohnes und des Heiligen Geistes.«
»Gott schenke dir Erkenntnis deiner Sünden und seiner Güte.«
»Vater Anselm, ich habe gesündigt.«
»Erzähle, mein Sohn.«
»Es geht um Ewalt, den Schmied.«
»Ich hörte, er kam zu Tode.«
»Wir kämpften in der Scheune, und er fiel von der Heubühne.«
»Sie haben deinen Leibriemen im Heu gefunden.«
»Den vermisse ich seit Wochen.« erwiderte Herman.
»Gegen welches Gebot hast du verstoßen, mein Sohn?«
»Die Inka ist mir gut, Vater.«
»Hast du ihr im Heu beigelegen?«
Herman druckst herum, nickt.
»Du begehrst eines anderen Weib.«
»Ja, Vater, aber sie begehrt mich auch. Mit Ewalt ist sie unglü…«
Der Pfarrer fällt ihm ins Wort.
»Die Ehe ist ein Sakrament, und das Weib ist schwach.«
»Wir wollen fliehen. Ich brauche Euren Rat, Vater.«
Jetzt zog Pfarrer Anselm die Augenbrauen hoch.
»Du kannst nicht fliehen, du gehörst dem Grafen. Seine Schergen werden dich einfangen, bevor der Hahn kräht, und was sie mit einem Entflohenen machen, weißt du. Wenn du bleibst, wird dich einer aus der Sippe des Schmiedes erschlagen. Auge um Auge, Zahn um Zahn. Die Gerichtsbarkeit des Kaisers ist auch nicht milder. Ehebruch und Totschlag werden schwer gesühnt.«

Herman stierte verzweifelt durch das Trenngitter, suchte vergeblich die Augen des Beichtvaters.

»Was soll ich machen?«

Der Pfarrer dachte angestrengt darüber nach, was er dem armen Sünder raten sollte. Nach langer Pause kam der erlösende Gedanke.

»Sprich zwanzig Vaterunser und warte unter der Kanzel auf mich.«

»Und Inka?«

»Inka bleibt hier.«

Anselm war gut informiert. Er wusste, dass Inka schwanger war, denn sie hatte ihren Fehltritt bereits gebeichtet. Er hatte nachgefragt und erfahren, dass Ewalt ihr schon seit ein paar Wochen nicht mehr beigewohnt hatte. Die Sachlage war klar. Nicht einschreiten hieße, sie würden Herman erschlagen und das Neugeborene ertränken. Seine Gemeinde würde um zwei Mitglieder schrumpfen. Den Verliebten zur Flucht verhelfen wäre zu gefährlich für die werdende Mutter und den Bastard. Und seine Herde wäre um drei Schäflein kleiner.

Das Aufsehen wäre groß, und der Vorfall würde sich in der Diözese schnell herumsprechen. Wenn Anselm einmal Bischof werden wollte, müsste der »Fall« geräuschlos geregelt werden. Er hatte Inka nach ihrer letzten mensis befragt und ihr dringend geraten, ihre ehelichen Pflichten umgehend wieder aufzunehmen, noch vor der nächsten Heiligen Messe, und sie zur Eucharistie einbestellt. Sonst würde sie dereinst in Teufels Küche schmoren.

Und was hatte Anselm mit Herman vor?

Er sprach die Entlassungsformel.

»Gott, der barmherzige und gütige Vater, hat durch den Tod und die Auferstehung seines Sohnes die Welt mit sich versöhnt und uns den Heiligen Geist gesandt zur Vergebung der Sünden. Amen.«

Der Priester stand auf, trat aus dem Beichtstuhl, ging in die Sakristei und kam mit einem Pilgerumhang und einem langen Stab zurück. Beides legte er neben Herman auf den Steinboden

»Zieh die Kapuze tief ins Gesicht, dann gehe zu deiner Kate, pack dein Bündel, vertraue nicht dem Schutz des Pilgermantels und mach dich auf den Weg nach Santiago. Noch heute Nacht.«

»Aber...«

»Kein Aber. Geh mit Gott! Jetzt!«

Anselm ging zum Altar und machte sich am Tabernakel zu schaffen. Aus den Augenwinkeln beobachtete er, wie Herman die Sachen aufhob und sich anschickte, die Kirche zu verlassen. Er verlor zwar jetzt ein sündiges Schäfchen seiner Herde, doch indessen wuchs in Inkas Leib ein neues unschuldiges Seelchen heran.

Herman sah er nie wieder.

Santiago

Hier enden alle Jakobswege aus ganz Europa. Die letzten 800 km sind der Hauptweg, der in der ersten Hälfte des 11. Jahrhunderts entstand. Ihn nennen die Spanier *camino francés*. Heute ist er Teil des UNESCO-Welterbes.

Mittellos auf den 2300 Kilometer langen Pilgerweg geschickt zu werden, bedeutete zur Zeit Hermans so viel wie eine Verbannung, vielleicht ohne Wiederkehr. Herman musste bei Handwerkern oder Bauern um Arbeit nachsuchen, um einen Platz zum Schlafen und etwas zu essen zu bekommen. Mitunter wurden die armen Teufel dabei schamlos ausgenutzt. Caritative Einrichtungen gab es damals entlang der Route kaum. Ohne Geld, Empfehlungsschreiben oder *conexiones* war man dem Schicksal und dem Wohlwollen der lokalen Bevölkerung ausgeliefert. Vielleicht fand Herman ja einen neuen Lebensmittelpunkt irgendwo am Pilgerpfad, vielleicht eine neue

Liebe. Anselm hingegen verspürte Genugtuung darüber, Herman der Lynchjustiz des Dorfes entzogen zu haben. Der lange Weg nach Santiago und zurück würde für Herman Sühne genug bedeuten, und die erhitzten Gemüter des Dorfes hatten Zeit zur Abkühlung.

Pilger oder Wallfahrer stammen aus allen Bevölkerungsschichten. Neben auferlegter Buße sind viele Motive denkbar, etwa die geistliche Vertiefung oder die Erfüllung eines Gelübdes, das Bemühen um Ablass oder bescheidene, gläubige Dankbarkeit. In der jüngsten Zeit  sind die Beweggründe oft Selbstfindung, gelegentlich weniger religiöse Motivation, wie ich sie despektierlich bei einigen Persönlichkeiten im Rampenlicht der Öffentlichkeit verdächtige, zum Glück eine verschwindend kleine Minderheit, auch wenn sie sich in den Medien überproportional darstellt.

Wir schlendern durch die engen Gassen der Altstadt und begegnen definitiv mehr Touristen als Pilgern. Jetzt im November hatten wir mehr Pilger erwartet. Die erkennt man leicht am Schuhwerk, dem Stab und dem Rucksack, die Touristen an leichten Sandalen, Einkaufstaschen und Kameras. Die Santiagueños nehmen beide Gruppen gelassen zur Kenntnis und gehen ihren Geschäften nach.

Vom *Parque da Alameda* führt uns die enge *Rúa do Vilar* direkt in das Gewirr schmaler Altstadtgassen mit Restaurants, Souvenirläden und Bars. Dann stehen wir endlich vor der Kathedrale, deren Fassade auf den spanischen Eurocent-Münzen abgebildet ist. Der Eingang befindet sich im Südflügel des Querhauses, der einzige Ausgang führt durch den zwar gut gefüllten, aber sehr teuren Souvenirladen. *Honi soit qui mal y pense*. Die Pilgerei und der Tourismus sind ein einträgliches Geschäft.

Wir sind von der Vierung angezogen, und da hängt er nun: der wohl berühmteste Weihrauchkessel der Welt. *Botafumeiro*. Rauchfass.

Ich bewunderte ihn im Film »1492–Die Eroberung des Paradieses«. Gérard Depardieu spielte den Columbus, Sigourney Weaver Königin Isabel. Und dann die einmalige Musik von Vangelis. Heute kann man das Schauspiel auf YouTube genießen. Wie die Zeiten sich wandeln... Das erste Gefäß wurde 1554 von Ludwig XI von Frankreich gestiftet und im Jahr 1809 von Napoleons Truppen im Spanischen Unabhängigkeitskrieg geklaut.

Der jetzige Kessel wurde 1851 aus versilberter Bronze und Messing hergestellt, misst 1,6 m und wiegt 54 kg. Er hängt an einem 66 m langen Seil, wird von zwei Mönchen angestoßen und dann von vier *confratres* über eine Rollenmechanik in Schwung gebracht, bis er im Querhaus mit ca. 65 km/h bis hoch unter die Decke schwingt. Durch den Zugwind zieht er eine Rauchfahne hinter sich her. Dabei rast er alle 12 Sekunden knapp über dem Boden durch die Vierung. Das diente im Mittelalter neben kultischen Zwecken der Desinfektion und Geruchsverbesserung, denn viele Pilger hatten kein Geld für ein Gästehaus und nächtigten im Gotteshaus, mit den zu erwartenden olfaktorischen Konsequenzen.

Leider ist es schwierig, diese Attraktion live zu erleben. Die Kirche muss offenbar sparen. Da sich Pilgertum und Körperhygiene heute nicht mehr gegenseitig ausschließen, wird der Botafumeiro nur noch zu besonderen Anlässen benutzt, nicht einmal zu jeder Messe. Allerdings kann er durch Sponsoren oder Einzelpersonen für 400 € gebucht werden. Das war uns denn doch etwas zu kostspielig.

Weihrauchharz stammt aus Arabien, aus Ländern um das Horn von Afrika und dem Indischen Subkontinent. Je nach Zusammensetzung der ätherischen Harze, Öle, Terpene, Proteine und Schleimstoffe sind die Kristalle weißlich bis bernsteinfarben. Derzeit sind 24 Arten der *Boswellia*, des Weihrauchbaumes, bekannt. Den ausgewählten Bäumen werden am Stamm Schnitte zugefügt, aus denen die weiße Milch des Gummiharzes austritt. Durch Trocknung entsteht dann das Weihrauchharz »Olibanum«. Die Ernte dauert einige Monate an. Nach mehreren Ernten gönnt man dem angezapften Baum eine mehrjährige Ruhephase.

Schon die alten Ägypter schätzen die verschiedenen Wirkungen des Weihrauches, so bei kultischen Handlungen und der Mumifizierung ihrer Pharaonen. (Olfaktorische Konsequenzen?) Wie auch immer, sie nannten ihn »Schweiß der Götter«. Möglicherweise könnten die Israeliten diese Gebräuche bei ihrem Auszug auf die Wanderung ins Versprochene Land mitgenommen haben. Spätestens im Zweiten Tempel von Jerusalem (ca. 540 v. Chr.) war vor dem Allerheiligsten ein Altar für Rauchopfer aufgestellt. Im 2. Buch Mose, dem Exodus, ist die Verwendung von Weihrauch ausschließlich dem Gottesdienst vorbehalten. Der Sprung zur Verwendung im frühen Christentum ist klein. Die reformierten Kirchen lehnen den sinnlichen Schmuck ab.

Die Kathedrale wurde an der Stelle gebaut, an der im 8. Jh. über der Fundstätte der Gebeine Jakobs eine erste Kirche erbaut worden war. Sie ist daher Jakobs Grabeskirche, wenngleich die Jakobskathedrale in Jerusalem beansprucht, den Schädel Jakobs zu besitzen. Der Bau begann 1075 im romanischen Stil, wurde aber in allen Stilen der Zeit bis hin zum spanischen Barock ergänzt, verändert, erweitert und bis zur heutigen Größe umgebaut. Die beiden Türme sind 75 m hoch und werden nach ihrer Funktion bezeichnet: Glockenturm *(torre de campanas)* und Turm der Klappern *(torre de carracas)*. Während der Karwoche wird das Glockengeläut durch Klappern oder Knarren ersetzt.

Hat man das Westportal durchschritten, schaut man in das 100 m lange und 20 m hohe Mittelschiff und sieht am Ende den prächtigen, von Gold und Silber glänzenden Hochaltar. Unter einem vergoldeten Baldachin befindet sich im Zentrum des Retabels eine lebensgroße sitzende Figur: Jakob in einem reich verzierten Umhang, den einige Jakobsmuscheln schmücken. Rechts von ihm führt eine schmale Stiege hinter die Figur, und man sieht nun das Kirchenschiff vom

Altar aus. Viele Gläubige berühren seine Schulter und sprechen eine Dankesformel an den Heiligen und Schutzpatron Spaniens.

Jakob

Ja'akov ben Zebadja, Jakobus [Sohn] des Zebedäus, war nicht irgendjemand, sondern einer der zwölf Apostel Christi. Er soll zwischen 41 und 44 in Judäa auf Befehl des Herodes Agrippa wegen seines neuen Glaubens zum Tode verurteilt worden sein. Eine Legende spricht von Enthauptung, eine andere von Steinigung, eine dritte davon, dass er von einem Tempel gestoßen worden sei. Dessen ungeachtet, Leichname von Verurteilten durften weder bestattet noch vom Ort der Hinrichtung entfernt werden, sondern wurden über die Stadtmauern geworfen, den Tieren zum Fraß.

Eine weiterführende Legende sagt, dass sein abgetrenntes Haupt Maria, der damals noch lebenden Mutter Jesu, übergeben worden sei. Mir erschließt sich jetzt nicht, was sie damit anfangen wollte, aber so erhärtet sich die Enthauptungstheorie, und es erklärt unter Umständen, wieso die Armenische Kirche von Jerusalem im Besitz des Schädels ist.

Wie kommt dann der Torso nach Spanien?

Das Bestattungsverbot von Justizopfern legt nahe, den Körper außer Landes zu schaffen, am besten auf dem Seeweg. Herodes hatte einst von den Römern die Lizenz zum Abbau von Kupfererz auf Zypern erworben und ließ in Jerusalem Bronze erschmelzen, damals das gebräuchliche Allerweltsmetall (wir befinden uns in der Bronzezeit), wie heute Stahl. Diese Legierung besteht aber zu 10 % aus Zinn, das im Vorderen Orient nicht vorkommt, sondern von den britischen Inseln importiert werden muss. Per Schiff. Diese »Zinn-Route« war lange etabliert und führte an der iberischen Küste entlang, also auch an Galicien vorbei. Aus nautischen Gründen mussten die Segler auf der Leerfahrt Ballast laden, vermutlich aus Stein behauene Teile für Gebäude oder Sarkophage. In einem solchen, für einen Adressaten in Galicien bestimmten, Marmorsarg könnte Jakobs Torso außer Landes geschmuggelt worden sein. In Galicien musste dann nur noch ein Bestattungsort ausfindig gemacht werden, möglicherweise das Sternenfeld, die Nekropole eines römischen Militärlagers, das *campus stellae*. Das klingt doch glaubhaft, oder. Die Namen Santiago und Compostela gab es jedenfalls zu dieser Zeit noch nicht.

Erst 818 wird der Leichnam vom Eremiten Pelayo durch himmlische Eingabe entdeckt. Die Bewohner der iberischen Halbinsel brauchen dringend eine Leitfigur, ein Ideal, ja sogar ein Idol. Aus den übrig gebliebenen Fragmenten des Westgotenreiches, gegenwärtig unter islamischer Herrschaft, bilden sich zaghaft erste christliche Staaten, die häufig eher gegeneinander als geschlossen gegen die Mauren unterwegs sind.

Ein wichtiges Datum mit Bezug auf die Idolfindung ist der 25. Mai des Jahres 844, an dem die Schlacht von Clavijo stattfand. (oder auch nicht) Clavijo ist eine 300-Seelen-Gemeinde, in der die Mauren wegen der strategischen Lage kurz zuvor eine *al-qasr*, eine Festung, *alcázar*, errichtet hatten. Auf dem in der Nähe des Dorfes liegenden *Campo de la Matanza* trafen an jenem Tage die Streitmächte des Königs Ramiro I von Asturien und die des Emirs Abd ar-Rahman II aufeinander. So berichtet es die von Ramiro ausgefertigte Urkunde *Privilegio de los Votos*. Der Inhalt des Pergaments wurde im 13. Jh.

sogar von bedeutenden Werke zur Geschichte der iberischen Halbinsel übernommen wie zum Beispiel *De rebus Hispaniae* und *Estória de España*.

Einige der Vorgänger und Mitstreiter Ramiros hatten sich geweigert, gegen die Mauren zu kämpfen und zogen vor, eine Waffenruhe durch Tributzahlungen zu erkaufen. (Teil des Tributs war die jährliche Lieferung von 100 Jungfrauen.) Deshalb war Ramiros Heer geschwächt gewesen und ergo in die Flucht geschlagen worden. Die Reste versammelte er dann bei dem Dorf Clavijo erneut um sich. Während er in seinem Zelt schlief, sei ihm Jakob im Traum erschienen und habe ihm für das bevorstehende Gefecht Hilfe versprochen. Am nächsten Morgen trat er vor seine Männer und berichtete ihnen von der Erscheinung. In der darauffolgenden Schlacht droschen seine Soldaten mit der Parole »Hilf uns, Gott und heiliger Jakob!« auf die Mauren ein und töteten 70 000 von ihnen. Dabei sei ihnen der Heilige als Ritter auf einem Schimmel erschienen, was zu seinem Beinamen matamoros führte. Maurentöter. Als Dank versprach König Ramiro der Jakobskirche des jungen Weilers am Sternenfeld eine jährliche Zahlung, die von allen Christen seines Reiches zu leisten war.

So die Urkunde. Nur hat sie leider einen Schönheitsfehler: Sie ist eine Fälschung Nach dem neuesten Stand der Forschung wurde das Dokument im 12. Jh., also drei Jahrhunderte nach dem Geschehen, durch den Geistlichen Pedro Marcio in Santiago de Compostela verfasst. Er gehörte selbst der Jakobskirche an und war ergo Profiteur seines Falsifikats. Die Schlacht hat nie oder nicht so stattgefunden.

Trotzdem oder gerade deshalb ist Jakob einer der bedeutendsten Heiligen der katholischen Weltkirche. Hunderte von Kirchen tragen stolz seinen Namen, und zahlreiche Städte sind nach ihm benannt, so in Argentinien, Bolivien, Brasilien, Chile, der Dominikanischen Republik, Ecuador, Kolumbien, Kuba, Mexiko, Panama, Philippinen, Portugal, Venezuela und den USA.

Das Fahren im Wohnmobil ist eine entspannte Angelegenheit. Selten fahren wir über 100 km/h, das schont das Urlaubsbudget. Zwischen den Lastwagen etwa 90 km/h, es hält sich eh' keiner an die 80km/h. Da macht man Strecke. Und die Raser können uns gerne überholen. Ist der linke Fahrstreifen dann frei, überholen wir 30 bis 40 Laster auf einmal. Wir sitzen bequem und haben die Übersicht über die flacheren Pkw. Der Beifahrer bedient in aller Ruhe die Navigation, sucht den nächsten geeigneten Platz für die Nacht aus und steuert ihn an.

Portugal

Wir verlassen Spanien und stellen die Uhr um eine Stunde zurück.

Schon die Griechen errichteten im Rahmen des Handels mit Zinn an dieser Küste einen Stützpunkt, den sie *kalos* nannten. (schön) Ob zur gleichen Zeit Kelten bereits hier ansässig waren, ist nicht belegt, jedenfalls trafen die Römer welche an und wandelten den Namen zu *Portus Cale*. Die Westgoten bauten den Hafen 540 zur Festung aus und hoben ihn zum Bischofssitz. Dann besetzten ihn 716 die Mauren, wurden 868 vertrieben, eroberten ihn 997 zurück und wurden 1050 abermals aus Portus Cale zurückgedrängt.

Im Zuge der christlichen Reconquista fielen die Gebiete um Portus Cale und Coimbra 1092 endgültig unter die christliche Herrschaft des Königreiches León unter Alfonso VI von Kastilien und León. Im Jahr 1097 wurde die Grafschaft Portucale proklamiert, also nur der Norden des heutigen Staatsgebietes, und dem Kreuzfahrer Heinrich von Burgund als erbliches Lehen gewährt. Hiermit beginnt nun die Geschichte Portugals. Nach Alfonsos Tod löste sich Heinrich aus der Lehensabhängigkeit. Doch als auch er stirbt, gerät Portucale wieder unter die Regierung von Kastilien und León. Heinrichs Sohn Alfons I setzt schließlich 1143 die endgültige Unabhängigkeit durch.

Portugal ist nun Königreich und bis 1910 der Vorgängerstaat der Ersten Portugiesischen Republik. Diese wiederum besteht bis zum Militärputsch von 1926. Doch davon später.

Porto

Die zweitgrößte Stadt Portugals liegt am rechten, nördlichen Ufer des Douro an der Mündung in den Atlantik und ist wirtschaftliches und industrielles Zentrum des Landes. Der Name bedeutet schlicht Hafen auf Deutsch. Zusammen mit der gegenüber am südlichen Ufer liegenden Stadt *Vila Nova de Gaia* präsentiert sich die zweitgrößte urbane Agglomeration Portugals, die Metropolregion Porto mit über 1,7 Millionen Einwohnern, etwa so viel wie Hamburg.

Im oberen Dourotal wird der bekannte Süßwein angebaut, für den Porto namensgebend ist. Früher waren Traubenanbau, Kellerei und Vertrieb strikt getrennt und pyramidenförmig organisiert. Viele Bauern verkauften ihre Trauben an die örtlichen Kellereien. Diese stellten die Weine her und füllten das fertige Produkt in Fässer oder Flaschen, die dann in flusstüchtigen Booten, *barcos rabelos*, zu den Lagerhäusern der großen Handelshäuser transportiert wurden, gleich hinter den breiten Kais. Während Anbau und Produktion fest in portugiesischer Hand waren, wurde der Export größtenteils von Ausländern erledigt. Die großen traditionsreichen Namen deuten auf britischem Besitz hin, wie Cockburn Smithes, Fladgate & Yeatman, Forrester, oder Graham's. An wenigen Fassaden sind noch die Logos der traditionsreichen iberischen Firmen zu sehen wie Sandeman, Osborne oder Ferreira.

Vieles hat sich inzwischen geändert. Immer mehr Weingüter gehen dazu über, die alte Trennung aufzubrechen und eigene Weine auch selbst zu vertreiben, also die gesamte Wertschöpfungskette für sich zu beanspruchen. Die Kreativität der Winzer führt zu interessanten, neuen Weinen, die dem individuellen Anspruch und Geschmack der Kunden entgegenkommen. Kein Wunder, dass die alten Lagerhäuser keine Lagerhäuser mehr sind und als Restaurants, Event-Schuppen oder Bars genutzt werden.

Ein Beispiel ist die *Casa Portuguesa do Pastel de Bacalhau*. Wir sind in einer dieser ehemaligen Lagerhallen, nur der breite Kai trennt die Halle vom Fluss. Du betrittst eine virtuelle Bibliothek mit vier Meter hohen Regalen voller Buchrücken an der linken Wand, gegenüber, führt eine gusseiserne, gewendelte Treppe zum offenen Umlauf um die erste Etage. Du lässt dich kellertief in einen der weinrot-ledernen Fauteuils sinken. Von der sichtbaren Balkenkonstruktion der Decke spendet ein schwerer Lüster diffuses Licht. Du hast dir vorher an der Bar vor der ebenfalls weinrot gestrichenen Rückwand der Halle ein Glas *Tawny* und ein typisches Kabeljaubrötchen, *Pastel do Bacalhau*, erstanden. Du brichst es auf, und der warme Ziegenkäse aus eigener Produktion in der *Sierra da Estrela* fließt cremig heraus. Aromen von Fisch, Kartoffel, Ei, Petersilie und Olivenöl mischen sich zu einer kulinarischen Symphonie. Du spülst mit einem kleinen Schluck des dunkelroten Port nach, und du weißt, du bist in Portugal.

Ein weiteres Beispiel für die Umnutzung der früheren Markthalle Gaias ist der *Mercado Municipal da Beira Río*. Hier gibt es seit dem

Umbau keinen eigentlichen Markt mehr, sieht man von ein paar Obstständen mal ab. Dafür laden viele unterschiedliche Imbiss-Stände zum Probieren ein. Das Angebot an Essen und Getränken ist riesig und international. An den außen gelegenen Ständen bestellen wir uns die Gerichte und Getränke und suchen uns dann einen Platz in der Mitte der geräumigen Halle zwischen Hunderten von Gästen. Es herrscht babylonisches Geschnatter und Ge-brabbel, das sich unter der hohen Decken-konstruktion mit den Lüftungsrohren und kreisförmigen Leuchten verliert.

Wenn man frische Küche und ein gutes Glas Wein oder Portwein zu schätzen weiß ist man hier richtig. Wir entdecken einen Stand mit leckeren portugiesischen Suppen. Fleisch- und Fischgerichte sind frisch zubereitet, regionales Bier wird zum selber Zapfen angeboten. Es sind ausreichend Sitzplätze vorhanden und man kann hier viele Dinge ausprobieren. Eine nette Alternative zu normalen Restaurants.

Ein paar Schritte weiter lockt uns die Seilbahn, *Teleférico de Gaia*, deren großzügig verglaste Gondeln uns zur Stahlbrücke *Pont Luís I* hinauf lupfen. Sie ist ein Wahrzeichen der Stadt und für Fotografen Pflicht. In 60 Metern Höhe über dem Fluss schlendern wir nach Porto hinüber. Sie besteht aus über 3000 Tonnen Stahl und wurde im Jahr 1886 in Betrieb genommen. Die obere Fahrbahn ist Fußgängern und der Straßenbahn vorbehalten. Unten dürfen auch Autos fahren. Auf der Porto-Seite entdecken wir Reste der römischen Stadtmauer und eine Standseilbahn vom Ufer des Douro nach oben in die Altstadt. Direkt unter uns das Gewirr enger Gassen und schmaler Hausdächer.

Verfallende Gebäude prägen die alten Viertel am Ufer und sprechen eine andere Sprache. Die eng aneinander gebauten Häuser stehen als Ensemble unter Denkmalschutz, sind verkehrstechnisch schwer zugänglich und befinden sich in Hanglage. Reparaturen sind per se teuer. Oft sind die oberen Geschosse nicht mehr bewohnt, nur im Erdgeschoss werden noch Geschäftsräume vermietet. Manch andere stehen völlig leer. Viele Portenhos ziehen hinaus in die Vororte, wo die Immobilien jünger und die Mieten bezahlbarer sind. Hauseigner oder Erben ohne den erforderlichen finanziellen Rückhalt stehen vor einem Dilemma. Es passiert nichts. Und leerstehende Immobilien ziehen Feuchtigkeit und verfallen mit Beschleunigung. Auf unserem kurzen Rundgang sehen wir einige Beispiele.

Wir erfahren, dass betroffene Hausbesitzer die Füße stillhalten bis sich die Gelegenheit ergibt, an eine Hotelkette zu verkaufen. Bei deren Renovierung bleibt zwar die Fassade als Denkmal erhalten, aber dahinter ist nichts wie es war, und der ursprüngliche Charme ganzer Viertel geht verloren, womöglich noch aus Steuergeldern subventioniert. Das ist paradox, oder.

Auf der Höhe des Steilufers erstreckt sich auf hügeligem Terrain das Stadtzentrum mit allen Sehenswürdigkeiten. Auf dem flachen Hügel *Pena Ventos*, portugiesisch für Federwinde, thront die wehrhafte, wuchtige romanische Kathedrale aus dem 12. Jh. Der etwas später angefügte gotische Kreuzgang ist mit den charakteristischen blauen Fliesenmalereien verziert, den *azulejos*. Nach einer halben Stunde Spazierweg über weite Plätze und durch schmale Gassen stehen wir vor dem markanten, 76 m hohen *Torre dos Clérigos* und der dazugehörigen *Igreja de São Pedro das Clérigos*. Der hohe, schlanke Turm diente zeitweise den Seefahrern als Navigationshilfe, heute ist er das Wahrzeichen Portos. Im 18. Jh. im barocken Stil erbaut strahlt der ovale Innenraum der Kirche schlichte Eleganz aus.

Markthallen ziehen uns immer an. Portos neue Halle liegt zentral in der Altstadt. Im Parterre locken die Stände mit ihrer unglaublichen Auswahl zum Schlendern und Shoppen, im 1. OG laden Restaurants zu portugiesischen Spezialitäten ein. Wir entdecken auch, dass man wohl unten preiswert einkaufen kann, aber in der Ebene oben wird es exklusiv und teuer.

Südlich der Douro-Mündung an der ewig langen *Praia Miramar* direkt am Atlantik erhebt sich auf einem Felsensporn ein Kirchlein aus der Brandung am Strand, die *Capela do Senhor da Pedra*, die »Kapelle des Herrn des Steines«. Bei Hochwasser ist sie nur mit nassen Füßen zu erreichen. Schon in vorchristlichen Zeiten soll dies eine Kultstätte gewesen sein, wahrscheinlich zur Besänftigung des Meeresgottes. Nach erfolgter Christianisierung wurde der Ort von der Kirche übernommen und zweckdienlich umfunktioniert. Das Ergebnis ist dieses schmucke Kapellchen mit dem sechseckigen

Grundriss und den barocken Fialen an der Traufe. Alljährlich findet eine große Wallfahrt zu Ehren des *Senhor da Pedra* statt, die am Sonntag der Allerheiligsten Dreifaltigkeit beginnt und drei Tage lang andauert.

Ein Holzsteg lädt zu einer Wanderung entlang dem Strand ein. Er schützt die Dünen vor der Winderosion und das Strandgras vor dem Zertrampeln durch uns Fußgänger. Weit weniger vorbildlich ist die Sauberkeit der Dünen. Wir sind angep....t von der Ansammlung von Plastikmüll und gedankenlos weggeworfenem Abfall.

Auf dieser Reise erleben wir das gesamte Spektrum der Stellplatz-Ausstattungen. Beginnen wir mit den Besitzern bzw. den Betreibern. Die Struktur erstreckt sich vom Einzelunternehmer auf dem eigenem Acker über Familienbetriebe bis zum Konzern, die über das ganze Land verteilte Einrichtungen anbietet.

Die Anlage kann aus einem freigehauenen, nackten Stück Maisfeld ohne technische Einrichtung bestehen oder auch in einem städtischen Park mit altem Baumbestand liegen und Pool, Tennisplätze, Laden, Waschlokal, Spielplatz und Restaurant anbieten. In Lissabon erfreuten wir uns an einigen Skulpturen zwischen den Wohnmobilen im Parque Florestal.

Die Kommunikation reicht von »null« (Maisfeld) über eine Handynummer in Landessprache bis hin zur polyglotten Rezeption. Im seltenen Idealfall kommuniziert man per E-Mail unter Angabe des Kfz-Kennzeichens. Dann öffnet sich bei der Ankunft die Schranke automatisch über den Scanner, und man ist drin.

Ein besonders heikles Thema sind natürlich die sanitären Anlagen. Zum Glück haben wir keine einzige mediterrane Hocktoilette mehr erlebt. (Früher ist mir beim Hocken schon mal ein Bein eingeschlafen, oder kleine Frechdächse haben während des Hockens auf den außen angebrachten Spülknopf gedrückt.) Dafür waren hier und dort die Toilettentüren verzogen oder es waren die Verschlüsse defekt, also nicht verschließbar. Von den Armaturen wollen wir gar nicht erst anfangen.

Alles ist eine Frage der Alterung, des Verschleißes, der rechtzeitigen (oder unterlassenen) Erneuerung, der pfleglichen Benutzung durch die Gäste, der regelmäßigen Reinigung durch ausreichend Personal und der geforderten Gebühren. Wir haben alles zwischen kostenlos und 50€ pro Nacht erlebt. In den meisten Fällen waren die Gebühren gerechtfertigt, und es gab nichts zu meckern. Wir sind aber auch schon nach einer Nacht aus Protest weitergefahren.

Bevor wir Porto wieder verlassen, wollen wir unseren dortigen Stellplatz würdigen. Seine Besitzer haben es verdient. Maximal zehn WoMos haben hier zwischen Wohnhäusern und kleinen Betrieben Platz. (fünf Häuser weiter finden wir eine Kfz-Werkstatt) Dafür wird aber alles geboten, Wasser und Elektrizität an jedem Platz, WLAN, ein Grillplatz, eine voll ausgestattete Küche, ein Gemeinschaftsraum und ein Meerwasserpool mit 28°C! Die Nutzung der Waschmaschine und des Trockners sind im Pauschalpreis inbegriffen. Und die netten Familienmitglieder sprechen auch noch Französisch, Englisch und Deutsch. Die Anlage ist nur wenige Jahre alt und in bester Pflege. Ein Vorbild, acht Kilometer von Porto und zwei vom Strand. In der Nähe ist eine Bushaltestelle. Und zum ersten Mal üben wir ubern.

Coimbra

Etwa 130 km südlich von Porto und etwa 200 km vor Lissabon liegt Coimbra die bedeutendste Stadt der *Região Centro*. Während einige Ortsteile links des *Río Mondego* liegen, steigt die eigentliche Stadt rechtsseitig eine Erhebung hinauf, bis sie am Uhrturm der alten Universität ihren höchsten Punkt erreicht. Von dort aus sehen wir im Landesinnern die geschwungenen und bewaldeten Hänge des Iberischen Scheidegebirges.

Coimbras Gründung geht wohl auf die Kelten zurück. Die Römer gründen die Nachbarstadt *Conimbriga* an der sehr wichtigen Verbindungsstraße von *Olisipo* (Lissabon) nach *Bracara Augusta* (Braga). Als 1139 das unabhängige Königreich Portugal ausgerufen wird, ist Coimbra nach Guimarães die zweite Hauptstadt des Reiches, bis 1256 Lissabon endgültig diese Funktion übernimmt.

In der prächtigen Bibliothek darf leider nicht fotografiert werden. Drei ineinander übergehende Säle beschützen über 200.000 Werke, und zwar von der Antike bis zur Neuzeit. Sie ist eine der weltweit eindrucksvollsten Bibliotheken. Ihre Regale sind aus Eiche gebaut, weil der strenge Geruch dieses Holzes Insekten fernhalten sollte.

Jedoch widersetzten sich dem ein paar Papier fressende Insekten. Fledermäuse wurden gegen sie angesiedelt. Jetzt müssen die wertvollen Tische zur Nacht mit Tüchern abgedeckt werden, um die wertvollen Intarsien gegen den scharfen Kot der fliegenden Säuger zu schützen.

Wir »ubern« in die Stadt und lassen uns oben auf dem Hügel an der ehrwürdigen Universität absetzen. Die wahrnehmbar neuen, im 20. Jh. erschaffenen Gebäude erinnern uns an Drittes-Reich-Architektur. Wie dieses? In Portugal? Dazu müssen wir etwas ausholen. Es hat etwas mit einem Senhor António de Oliveira Salazar zu tun.

Salazar

In der Phase der kolonialen Landnahme in Afrika des 19. Jh. strebt das Königreich Portugal die territoriale Verbindung Angolas mit Moçambique an. Diese Landbrücke zerschneidet Englands geplante Verbindung Kairo-Kapstadt, was in London auf Widerstand stößt und in einem Ultimatum gegen Portugal mündet. König Carlos I knickt ein, rettet damit das außenpolitische Verhältnis zu England, befördert aber die schlummernde Ablehnung der Monarchie im eigenen Land. 1908 töten die Republikaner den König und den Thronfolger, und 1910 wird die Republik Portugal ausgerufen. Im Mai 1926 putscht sich General *Manuel de Oliveira Gomes da Costa* an die Macht und beendet die Erste Republik. Noch im Juli desselben Jahres wird *Gomes da Costa* in einer erneuten Revolte des Militärs vom Amt des Präsidenten verdrängt und auf die Azoren verbannt. An seine Stelle tritt als neuer Staatspräsident und Ministerpräsident in Personalunion General *António Oscar de Fragoso Carmora*.

Antonio de Oliveira Salazar wird 1889 in der Nähe von Coimbra geboren. An der ehrwürdigen Uni Coimbra studiert er Nationalökonomie, wird hier sogar Professor. 1928 beruft ihn Präsident Carmora zum Finanzminister und 1932 zum Premierminister. Bald wird er selbst Diktator sein und Begründer des totalitären *Estado Novo*, auch Salazarismus genannt. Salazar sucht nicht die Nähe zu Franco, Mussolini oder gar zu Hitler, sondern hält sein Land schlau aus dem Zweiten Weltkrieg heraus. 1940 veranlasst er verschiedene monumentale Neubauten auf dem Gelände »seiner« Universität. Sie sind es, die uns aufgefallen waren, siehe oben.

Aufgrund der direkten Nachbarschaft zu Angola und Moçambique und ähnlicher ethnographischer, innenpolitischer Probleme pflegt Südafrika gute Beziehungen zu Lissabon. An der gemeinsamen Grenze zu Südwestafrika, noch unter südafrikanischer Verwaltung, werden gemeinsame Wasserbauprojekte am Kunenefluss geplant. Am Zambezi, dem Grenzfluss zu Moçambique wird der Bau eines Wasserkraftwerkes verwirklicht, das Südafrika auf Jahre hinaus mit Gleichstrom für die metallurgische Industrie beliefern wird. Als der nationalen Fluglinie Südafrikas wegen dessen Apartheidpolitik die Überflugrechte von afrikanischen Staaten verweigert wurden, hilft Lissabon und genehmigt der SAA den Ausbau eines stillgelegten Flugfeldes auf der *Ilha do Sal* aus den 1930er Jahren als Tankstopp auf den portugiesischen Kapverdischen Inseln. Mit verlängerter Startbahn war es ein Ausweichplatz für das Space Shuttle.

1968 erleidet Salazar eine Hirnblutung und scheidet aus dem Amt. Er stirbt 1970 in Lissabon. Sein Nachfolger wird Marcelo Caetano. Die treibende Kraft hinter dem Estado Novo schwindet, ebenso wie die Duldung durch große Teile der Bevölkerung. Im April 1974 wird der Salazarismus durch die »Nelkenrevolution« beendet. Portugal wird demokratisch, die Zweite Republik wird ausgerufen. Die hastig bestellte Übergangsregierung entlässt die Kolonien Angola, Guinea-Bissau und Moçambique übereilt und ohne die nötige Vorbereitung in die Unabhängigkeit. Die Kapverdischen Inseln, São Tomé und Príncipe folgen. Doch das ist wieder eine andere Geschichte. Im Jahr 1986 tritt Portugal der EU bei.

Das Geschehen in Angola konnte ich fast von einem Tribünenplatz verfolgen. Ich lebte in Johannesburg und war in Südwestafrika auf Urlaub unterwegs, das seinerseits um Unabhängigkeit von Südafrika rang. Die Nelkenrevolution führte in Angola zu einem Bürgerkrieg zwischen drei Befreiungsbewegungen, in den ausländische Kräfte der beiden großen Lager eingriffen. Viele portugiesische Familien, vor allem aus dem umkämpften Raum Luanda packten ihr Hab und Gut und flohen aus dem Land.

Ich beobachtete langgestreckte Konvois von Kleinlastern, Pkw und Kombis, hoch beladen mit Möbeln, Betten und Hausrat, die gemäß dem Tempo des Langsamsten über Benguela und Ruacana nach Windhoek und Vioolsdrift an der südafrikanischen Grenze krochen. Hier teilte sich der Strom in Richtung Johannesburg oder Kapstadt. Eine Strecke von 3500 Kilometern. Dort halfen alteingesessene Landsleute mit Rat, Tat und Geld. Noch nie hatten in Johannesburg so viele Restaurants geöffnet, die Prawns in Knoblauchbutter, Prawns peri peri oder Prawns mit Zitronenbutter zu einer kühlen Flasche Mateus Rosé im Bocksbeutel anboten.

Zurück in Coimbra. Im *Parque Choupalinho* am südlichen, flachen Ufer des Río Mondego finden die großen Volksfeste, Musik-Events & Zirkus-Veranstaltungen statt. Im Winter, also als wir hier sind, ist es eher ruhig.

Ein völlig unbekannter Klavierspieler bietet seiner Ehefrau ein Ständchen auf dem Flügel dar. Er haut in die Tasten und steigt in die Pedale, dass es einem beim Zuschauen schon graust. Zum Glück ist das Piano Grande aus Granit, sind die Tasten aus Marmor. Das Schweigen des Instruments ist Gold für den Dilettanten und Labsal für die Ohren der Gattin.

Eukalyptus

Wir sind erstaunt über die riesigen Bestände an Eukalyptusbäumen, die eigentlich in Australien zu verorten sind. Bekannt wurde der Eukalyptus in Europa Anfang des 19. Jh. nur wenigen Eingeweihten durch eine Veröffentlichung des Franzosen *Labillardiere*, der den in Tasmanien heimischen *Eucalyptus globulus* beschreibt. Er erhält auch den Namen *Fieberbaum*, da eine Anpflanzung im nördlichen Australien dazu diente, durch Nutzung seines hohen Wasserbedarfs Sümpfe trockenzulegen, dadurch der Anopheles-Mücke die Lebensbasis zu entziehen und die Malaria zurückzudrängen.

Ab 1866 werden in Coimbra 35 000 Eukalypten gepflanzt, um der Bodenerosion entlang dem Río Mondego zu begegnen. Dieser Fluss tritt regelmäßig über die Ufer und lässt das Umland zunehmend versumpfen. Der Eukalyptus verdrängt Weiden und Pappeln. 1870 ist das Projekt abgeschlossen. 1880 werden im Zentrum des Landes bei Abrantes 600 Hektar mit Eukalyptus bepflanzt. Die Art hat sich etabliert.

Eukalypten haben die indigenen Mischwälder aus Korkeichen und Pinien vielerorts völlig verdrängt. Der Grund? Sie erzeugen sehr schnell und wirtschaftlich große Mengen an Biomasse für die Zellulose-Industrie. Obendrein sind sie hübsch anzusehen mit ihren silbergrünen Blättern und schlanken Stämmen. Tritt man auf die knackenden Samenkapseln, verströmen sie den typischen Duft.

Die lichten immergrünen Baumkronen erinnern uns an Südafrika, wo die großen Minengesellschaften in Ost-Transvaal und Natal große Plantagen zum Anbau von Grubenholz anlegten. Was dafür nicht geeignet war, wurde zu Pappe und Papier verkocht. 1936 wurde *South African Paper and Pulp Industries* gegründet, kurz *SAPPI*. Eins ihrer Werke war Nachbar »meines« Liebherr-Werkes in Springs in Transvaal. Regelmäßig haben wir uns gegenseitig die Facharbeiter abgeworben. 1967 gründete *Anglo American* die *Mondi Papermills,* heute Mondi Group. Beide Konzerne wurden nach dem Ende des Apartheid-Boykotts echte *Global Players* und haben sich weltweit günstig eingekauft, auch in Deutschland.

Und wo ist jetzt der Haken? Eukalyptus hat immer großen Durst. Ein großer Baum braucht angeblich bis zu 550 Liter Wasser am Tag! Seine sehr tiefgehenden Wurzeln nehmen der ambienten Vegetation noch in 20 m Tiefe das Wasser weg. Der Grundwasserspiegel fällt, die einheimische Vegetation stirbt einen langsamen Tod. Ätherische Öle in den Blättern duften zwar gut, sind aber Gift für den Boden, so die welken Blätter herunterfallen. Der Baum schaltet rigoros seine Konkurrenz aus. Und als Nahrung dienen sie einzig dem Koala.

Der größte Nachteil der Eukalyptus-Plantagen besteht jedoch in der extrem hohen Brennbarkeit, die durch die ätherischen Öle wie durch einen Brandbeschleuniger verstärkt wird. Feuer im Eukalyptuswald gleicht einem Inferno, das kaum zu löschen ist. Die aufsteigenden heißen Gase saugen allen Sauerstoff aus der Umgebung und fachen den Brand, durch den Sogwind verstärkt, weiter an. Brennende Blätter und Teile der Baumrinde fliegen leicht und verbreiten das Feuer weiter. Gegner des immigrierten Gehölzes gehen so weit, den Eukalyptus als »Pest in Baumgestalt« zu bezeichnen.

Im Sommer 2017 sterben durch einen Waldbrand in Portugal mindestens 121 Menschen in den Flammen oder an Rauchvergiftung, berichtet die Deutsche Welle, ca. 200 Personen werden verletzt, mehr als 500 000 ha Wald brennen ab. Wir haben entlang unserer Route nur kleine abgebrannte Fläche einsehen können. Die große Überraschung: nach zwei bis drei Jahren stehen neue Bäume, die aus den Wurzeln keimen, schon wieder zwei Meter hoch, frisch und grün in der Landschaft. Der Eukalyptus ist unverwüstlich vital.

Portugal will sich der Sache annehmen. Die Regierung verspricht tiefgehende Verbesserungen in der Brandbekämpfung, Korrekturen in der Brandverhütung, die Änderung der Forst- und Strukturpolitik bis hin zur Anpassung der Raumordnungspläne der Gemeinden. Das ist echt eine Mammutaufgabe! Insbesondere vor dem Hintergrund einer starken Eukalyptus-Lobby. Glückauf!

Peniche

Hier lassen sich phönizische und hellenische Seefahrer nieder. Sie schätzen die strategische Lage und den Schutz der Insellage. Leicht zu verteidigen. Der Name geht wahrscheinlich auf das griechische Phenix zurück. Um 700 v. Chr. beginnt die Hellenische Expansion über das Mittelmeer hinaus auf der Suche nach Zinn, das hatten wir schon erwähnt. Im späten Mittelalter versandet der Sund zwischen dem Festland und der Insel. Peniche wird zur Halbinsel und von Land her angreifbar.

Eine Festung wird gebaut. Je nach den militärischen, baulichen oder politischen Erfordernissen wird sie verändert, angepasst, erweitert. Andere Gründe für Umbauten sind mehrere Erdbeben und eine Explosion im Pulvermagazin. Später nutzt man das Gemäuer als

Gefängnis für politisch Inhaftierte, wie z.B. im Bürgerkrieg 1828-1834. Während des Burenkrieges in Südafrika 1899 bis 1902 finden im Fort Buren und ihre Familien, die über die portugiesische Kolonie Moçambique geflohen waren, Zuflucht vor den Briten.

Im Ersten Weltkrieg sind Österreicher und Deutsche interniert. Ab 1928 ist es ein TBC-Sanatorium, und ab 1934 wird das Fort als ein politisches Hochsicherheits-Gefängnis. genutzt. Ab 1977 dienen Teile der Anlage der Notaufnahme von portugiesischen Familien, die im Rahmen der Dekolonisierung in ihr Mutterland zurückkehrten. Ab 2000 versucht eine private Initiative den Umbau zu einem Museum zu Ehren der politischen Gefangenen, jedoch wird das Vorhaben 2017 wieder aufgegeben. Zur Zeit unseres Besuches ist das Fort jedenfalls geschlossen.

Berlenga

Mit schäumender Heckwelle rast unser Boot auf die Insel zu, die langsam aus dem Horizont wächst. Ein schroffer, baumloser Felsen und dennoch grün durch niedrige Pflanzen, die sich in allen Spalten festklammern und dem ständigen Wind trotzen. Die Insel ist nicht

bewohnt, bot aber in der Vergangenheit lokalen Fischern Unterschlupf, wenn sie nicht in ihren Hafen zurückfahren konnten. Kleine Katen sind in die Felsen gebaut und werden heute nur noch durch Taucher oder Naturforscher genutzt.

Eine Bootsrundfahrt führt uns in die zerklüfteten Felsen und Höhlen, die das Meer im Lauf der Zeit aus dem Stein gewaschen hat. Die Lichtbrechung lässt unzählige Farbnuancen von Türkis bis Tiefschwarz im Seewasser entstehen. Anderswo presst sich die Brandung durch enge Spalten und schießt schäumend heraus. Auf vorgelagerten Felsen erinnern Wehrbauten aus dem 17. Jh. an den Widerstand gegen die Belagerungen durch nordafrikanische Korsaren und durch spanische Schiffe oder andere feindliche Mächte wie das düstere Fort *São João Baptista*.

Der Fahrer des Uber-Taxis vom Hafen zurück zum WoMo ist ein Sikh. Er lebt seit acht Jahren in Portugal. Am Ortsrand fallen uns düstere Behausungen aus schwarzen Plastikplanen auf, durch ein paar Stricke mühsam zusammengehalten. Erwachsene tummeln sich, eine Gruppe Kinder spielt Ball. Unser Fahrer bemerkt unsere erstaunten Blicke und ohne eine Frage abzuwarten sagt er, dass dies Portugiesen sind, denn Flüchtlinge haben feste Unterkünfte.

Ceviche

Im Restaurant unseres Campingplatzes traue ich meinen Augen nicht recht. Auf dem Menu steht Ceviche, eine Vorspeise, die ich über 50 Jahre nicht mehr genießen konnte. Das Rezept stammt aus der Küche Perus vor der Ankunft der Spanier, allerdings mit den Früchten der Passionsblume, anstelle der Limetten und Zitronen. Denn die brachten erst die Konquistadoren aus Europa mit. Der Name Ceviche ist seit dem 19. Jh. verbürgt. Heute ist Ceviche das National-gericht der Peruaner. Die Zutaten sind fangfrischer Fisch, Limetten, Salz, Chilis, Gewürze, Zwiebeln und Kräuter (Koriander). Der zer-kleinerte Fisch »gart« kalt im Saft der Limetten. Chemisch geschieht eine strukturelle Umwandlung der Proteine des Fischs durch die Zitronensäure, sein Fleisch zerfällt quasi beim Verzehr auf der Zunge und ist äußerst bekömmlich. Fehlt nur der »Pisco sour«.

Unser WoMo-Nachbar aus Kiel berichtet von einem Fischrestaurant nur wenige Minuten entfernt. Wir nehmen die E-Bikes. Unscheinbar liegt das *Toca De Texugo* an der Straße in einer niedrigen Hütte. Ich ziehe instinktiv den Kopf ein. Im Vorraum berät uns die Chefin bei der Wahl unserer Meerestiere aus der Kühltheke. Sie erklärt, nennt die deutschen Namen und lässt die Viecher in die Küche tragen. Wir werden in den Gastraum verwiesen. Hier übernimmt ein blonder Kellner die Betreuung. Zuerst auf englisch, dann auf deutsch. Er ist Brasilianer, in Blumenau geboren und Enkel von Auswanderern aus Wuppertal. Als wir aufgegessen haben, rät er uns, nicht gleich zu gehen, es gibt noch was auf die Ohren. Wir bestellen das Dessert und Espresso und warten. Ein älterer Herr geht von Tisch zu Tisch. Händeschütteln und *small talk*. Der Inhaber, flüstert der Blonde. Der Alte bleibt in der Mitte des Raumes stehen, sammelt sich und singt einen schwermütigen Fado. Ohne jede Begleitung. Ohne die übliche Laute oder Gitarre. Gänsehaut. Langer Beifall der Gäste.

Lissabon

Dass wir uns der Hauptstadt nähern, spüren wir an der Zunahme des Verkehrs auf der Autobahn. Auf dem Mittelstreifen zwischen den Leitplanken wachsen Oleander wie bei uns die Essigbäume.

Wir sind schon gespannt auf Lissabon. Unser letzter Besuch ist Jahre her. Der Campingplatz ist großzügig in einem riesigen Park angelegt, mitten in einer grünen Lunge der Stadt. Die ständige Geräuschkulisse erinnert an den enormen Straßenverkehr der Stadt,

aber auch an die Nähe zu allen Sehenswürdigkeiten. Daumen hoch! Vor der Rezeption steht sogar gleich eine Bushaltestelle.

Wir haben freie Platzwahl. Die Belegung schätzen wir auf 30%. Unser Platz bietet Wasserhahn, Abguss, Strom, einen Tisch mit Bank und den Sanitärblock in der Nähe. Was will man mehr. Im dichten Baumbestand fanden wir eine Lücke für den Kontakt der Schüssel zum Satelliten.

Wir nutzen die frühe Stunde und lassen uns über den *Ponte de 25 Abril*, die Tragseilbrücke über den

Río Tejo, zur Statue *Cristo Rei* auf der anderen Seite des Tejo ubern. Die letzte Fahrt des Aufzugs haben wir verpasst, deshalb bewundern ir das kolossale Bauwerk vom Boden aus. Es dämmert. Die Beleuchtung des 82 m hohen Sockels schaltet ein. Oben steht der 28 Meter hohe Jesus mit ausgebreiteten Armen wie sein etwa gleichgroßes Ebenbild in Rio de Janeiro, der auch die Inspiration zu diesem Bauwerk auslöste. Im Jahr des Herrn 1934 besuchte der Erzbischof von Lissabon die damalige brasilianische Hauptstadt und bestaunte den *Cristo Redentor* auf dem *Corcovado*. So etwas wollte er auch für die Hauptstadt seines Landes. Wieder zu Hause drückte er das Projekt nach harter Überzeugungsarbeit schließlich durch. Der Latino war 1931 erbaut worden, der Europäer folgte erst im Jahr 1949. Die umliegenden Anlagen werden in mehreren Schritten zu einem Heiligtum ausgebaut. Heute ist *Cristo Rei* ein bedeutender Wallfahrtsort der katholischen Welt.

Der Abend ist kühl, dazu weht ein eisiger Wind. Also zurück über die stadteinwärts mautpflichtige Brücke und runter ans Ufer des Tejo. Ein unbestimmtes Knurren in der Magengegend führt uns in die Halle des *Time Out Market*. Ein Fresspalast. Das Angebot ist breit gefächert von portugiesischen Spezialitäten, Italienern, japanischem Sushi, einer Suppentheke, einem Stand exklusiv für Aperol Spritz, einem Weinladen, Meeresfrüchten in allen Variationen und vieles mehr.

Heute steuern wir das *Castelo de São Jorge* an. Die Mauren errichteten die Festung im 8. Jh. auf den Resten phönizischer und römischer Mauern und verloren sie 1147 an Alfons I, Graf von Portucale und Vasall des Königs von León.

Wenige Meter unterhalb, in der eng bebauten Altstadt, stehen wir unerwartet vor der Kathedrale mit ihren gedrungenen romanischen Türmen und runden Bögen. Im selben Jahr 1147 begannen die Bauarbeiten auf den Fundamenten einer früheren Moschee. Durch ständige An- und Umbauten vereinigen sich in diesem Bau alle Stilrichtungen der verschiedenen Epochen zu einem individuellen Ensemble. Die Kathedrale oder *Sé Patriarcal* gilt somit als die älteste der Stadt. Teile des Nordturms sind spätromanisch, der Chor ist gotisch und im barocken Stil ausgeführt.

Durch die engen Gassen der Altstadt führt uns der Stadtplan zum *Convento do Carmo,* einem früheren Kloster des Karmeliter-Ordens. Am Ende der Schlacht von *Aljubarrota* hatte der neue König Dom João, der erste aus der Dynastie Avis, den Bau eines Klosters am Ort der Kampfhandlungen angeordnet. Hier waren portugiesische Soldaten für die Unabhängigkeit vom Erzfeind Kastilien gefallen. Das war im Jahr 1385. Andere Autoritäten forderten andere Arten

von Denkmalen an anderen Orten, man geriet in Streit und trug den Dissens schließlich Papst Urban VI in Rom zur Entscheidung vor. Der sprach ein Machtwort, und nach Beendigung der Bauarbeiten im Jahr 1423 erhob sich die Silhouette des *Convento Carmelita de Nossa Senhora do Vencimento,* Konvent Unserer Heiligen Frau des Sieges, souverän über Lissabon. Zur Anlage gehört die *Igreja do Carmo,* über Jahrhunderte <u>das</u> große gotische Kirchenmonument der Stadt.

Bis sie durch das Erdbeben 1755 für immer gezeichnet wurde. Keine Reparatur kann die Schäden beseitigen, und so behält die Ruine ihre einzigartige Aura. Im halbwegs intakten Querschiff ist heute ein archäologisches Museum untergebracht. Es ist klein und ziemlich chaotisch in der Auswahl der Exponate, auch in deren Darbietung. Im dachlosen Mittelschiff finden im Sommer Konzerte statt, die wegen der vorzüglichen Akustik sehr beliebt sind.

Der November neigt sich dem Ende zu, wir schlendern über die *Praça dos Restauradores*, auf der der diesjährige Weihnachtsmarkt stattfindet. Der Glühwein ist zu süß und zu zimtlastig, aber die gebrannten Mandeln sind wie zuhause. Über die Praça Rossio kommen wir am Hauptbahnhof mit seiner prächtigen Fassade vorbei und stehen vor dem *Elevador de Santa Justa*, dem Personenaufzug von der Unter- in die Oberstadt. Wir sehen ihn uns von unten an. Mitfahrt nicht nötig. Auch wenn er noch so imposant aussieht. Eine lange Schlange von Leuten wartet auf ihre Mitnahme. Der Lift ist jetzt 120 Jahre alt und beweist dies durch seine Jugendstil-Ornamentik im genieteten Stahlbau aus der Schule des Gustave Eiffel.

Ein paar hundert Meter weiter stellen wir uns an der Standseilbahn in die Schlange beim *Ascensor da Glória*. Wir trauen dem Seil und wagen die Mitfahrt. Genau genommen ist dies keine Seilbahn, sondern ein Schrägaufzug. Hat der eine Rückfallsperre im Fall eines Seilbruchs? Mit der Nase am Boden und dem Hintern in der Luft geht es rasant bergan. Auf halbem Wege (wo auch sonst?) kommt uns der talwärts fahrende Wagen in doppelter Geschwindigkeit entgegen. Nach wenigen Minuten ist der ganze Spaß vorbei. Endstation. Alle Aussteigen bitte. Nach 265 m Fahrdistanz wurden 48 Meter Höhe gewonnen. Toll! Wir haben nachträglich recherchiert: Der *Ascensor* hat tatsächlich eine Fangbremse.

Wir sind am *Miradouro de São Pedro de Alcântara*, einem Aussichts-Plateau mit Bäumen, Bänken und einem Park-Café und haben einen wunderbaren Blick über die Unterstadt bis zur maurischen Burg. Selbst die gedrungenen Türme der Kathedrale schieben sich ein paar Ziegel breit über das Meer der Dächer.

Lissabons Straßenbahnen sind gefühlt so alt wie die Standseilbahn. Von hier fährt die Linie 24E in unsere Richtung, und wir fahren bis

Campolide zum Einkaufen. Es bläst ein kalter Wind bei klarem Himmel. Wieder im Freien frösteln wir, machen es uns leicht und rufen per Handy einen Uber.

Allerheiligen 1755, 09:40

Das Epizentrum des Erdbebens liegt im Atlantik etwa 200 km süd-westlich des *Cabo de São Vicente*. Es hat die Magnitude 8,5 bis 9. Die drei gewaltigen Erdstöße werden in fast ganz Europa registriert. Es existieren Aufzeichnungen aus Finnland, dem Heiligen Römischen Reich, den Niederlanden, Luxemburg, Venedig, Schweden, Schweiz, England, Schottland, Marokko, Martinique und Barbados.

Am schlimmsten treffen das Beben und seine gewaltigen Folgen die Hauptstadt Lissabon. Die mechanische Zerstörung von 85% der Bausubstanz löst in vielen Stadtteilen verheerende Brände aus. Menschen, die sich an den Hafen flüchten, sehen das Meer sich zurückziehen. Auf dem trockengefallenen Boden werden zahllose Wracks und verlorene Gegenstände wieder sicht-bar. Vierzig Minuten nach dem Beben werden der Hafen und die Hauptstadt von einem Tsunami überrollt, dessen Scheitelwelle den Tejo hinauf stürmt. Die Fluten löschen zwar diverse Brände, reißen aber im Rückfluss alles mit sich, was ihnen im Wege steht.

Lissabon wird fast völlig zerstört. Von den 275 000 Bewohnern der Stadt und der umliegenden Gemeinden verlieren zwischen 30 000 und 100 000 ihr Leben. An der Küste der Algarve zerstört die Welle zahlreiche Städte und Dörfer. In Marokko werden weitere 10 000 Todesopfer durch den Tsunami vermutet. Die Flutwelle breitet sich über den gesamten Atlantik aus, in der Nord- und Ostsee und hat noch in England eine Höhe von drei Metern. Dem Beben von fünf Minuten folgen zwei Nachbeben von je zwei Minuten. Im Ganzen neun Minuten, die die Welt veränderten.

König José I ist zur Zeit des Erdbebens 41 Jahre alt. Er und seine Familie bleiben unversehrt, weil eine seiner Töchter sich gewünscht hatte, den Feiertag außerhalb der Stadt zu verbringen. Nach der Morgenmesse reist der Hofstaat ins wenige Kilometer entfernte Santa Maria de Belém, einer Gemeinde, die vom Beben und dem nachfolgenden Tsunami kaum in Mitleidenschaft gezogen wird. Die berühmten königlichen Paläste und ihre Bibliotheken jedoch gehen restlos verloren. Der Schreck fährt dem König in die Glieder. Zeit seines Lebens weigert er sich, jemals wieder zwischen vier festen Wänden zu leben, sondern er ordnet den Bau einer riesigen Zeltstadt in den Hügeln von *Ajuda* an, oberhalb der Stadt, in der er fortan bis zu seinem Tod im Jahr 1777 residieren wird.

Erst seine Tochter, die als Maria I Königin von Portugal und Brasilien die erste Frau auf dem Thron wird, lässt am Ort der Zeltstadt den neuen Hof errichten, den *Palácio Nacional de Ajuda*. Um die Gebäude künftig erdbebensicher zu machen, werden sie aus Holz erbaut. Bald kursieren unter der Bevölkerung Spitznamen: *Paço de Madeira* (Holzpalast) und *Real Barraca* (königlicher Stall). Der Leser wird es schon vermuten, ein Unglück kommt selten allein. Im Jahr 1794 brennt der Palast ab.

Ein Neubau wird zwei Jahre später in Angriff genommen, dieses Mal wieder aus Stein. Wenig später flieht die königliche Familie vor den Napoleonischen Überfällen nach Brasilien. Die Arbeiten kommen ins Stocken. Aber auch nach ihrer Rückkehr 1821 wird der Fortgang der Bauarbeiten ein Opfer politischer Wirren. Im Jahr 1833 kommt der Bau völlig zum Stillstand, um erst 1861 fortgesetzt zu werden. Um es kurz zu machen, der Palast wird nie fertig.

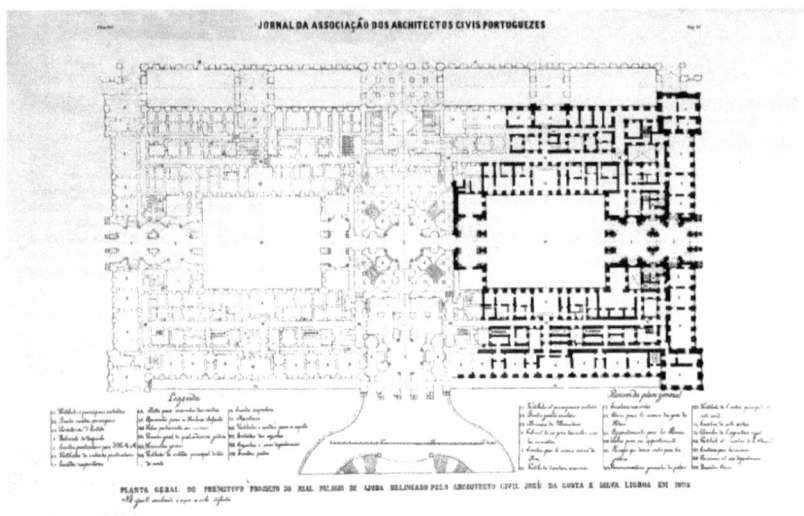

Die dunkel angelegten Teile werden ausgeführt, die hell markierten Teile existieren nur auf der Zeichnung.

Im 2018 fertiggestellten Westflügel befindet sich die Schatzkammer mit den Kronjuwelen. Vom Ostflügel stehen zum Teil lediglich die Außenmauern des Palastes. Durch leere Fensterhöhlen leuchtet das Blau des Lissabonner Himmels.

Zurück zum Beben.

Premierminister *Sebastião de Mello,* der spätere *Marquês de Pombal* ordnet eine Umfrage bei allen Pfarrern betroffener Gemeinden an, um Fakten zu sammeln wie:

> Dauer des Bebens, Anzahl der Nachbeben,
> verursachte Schäden,
> Verhaltensweise von Tieren kurz vor dem Beben,
> Besonderheiten in Brunnen und Wasserlöchern.

Er löst einen Forschungsschub aus und gilt seitdem als Vorläufer der modernen Seismologie.

Die Welt der Medien wird durch die Katastrophe herausgefordert. Das Verständnis der Welt ist geprägt durch die Vermittlung von Fakten, sie durchdringt viele Lebensbereiche und stellt sehr hohe Anforderungen an die Aktualität der Berichte. Dabei sind jedoch die kommunikativen Möglichkeiten jener Zeit eher ein Nachteil.

Das Medium steht zwischen Mensch und Ereignis und zeigt bereits im ausgehenden 18. Jh. erstaunliche Vielfalt, vom Bänkelsänger mit seinen Bildtafeln über Predigten, Tagespresse bis zu philosophischen und naturwissenschaftlichen Traktaten. Die Unfassbarkeit dieses Naturereignisses (Die Natur kennt keine Katastrophen) übersteigt bei der Mehrzahl der Nachrichtenempfänger die Befähigung, die Ereignisse auch zu verstehen und einzuordnen. Der Optimismus der Epoche der Aufklärung bekommt einen Knacks.

Goethe versucht in seiner 1811 erschienenen autobiografischen Schrift *Aus meinem Leben. Dichtung und Wahrheit* seine damalige Perspektive als Kind (Er war zur Zeit des Bebens sechs Jahre alt) in der Retrospektive zu schildern. In die Betroffenheit des Knaben mischt er die Frage nach der fürsorglichen Väterlichkeit Gottes. Als er dies veröffentlichte, war er 62 und hatte sich im Mai 1881 dazu aus der Weimarer Bibliothek eine 1756 in Danzig erschienene Schrift *»Beschreibung des Erdbebens ... «* ausgeliehen.

Der französische Philosoph Voltaire begegnet der optimistischen Weltanschauung Leibniz' zur *besten aller Welten* mit Witz, Ironie und Spott in seinem Buch *Candide oder der Optimismus* von 1759 unter Bezugnahme auf das Beben von 1755.

Es kommt zum verstohlenen Blick auf die Theologie. Wie konnte ein gütiger Gott und allmächtiger Vater ein solches Unglück zulassen, noch dazu in einem durch und durch katholischen Land, das an der Verbreitung des christlichen Glaubens in der Welt ganz maßgeblich beteiligt ist?

Der 31-jährige Königsberger Immanuel Kant ist von dem Erdbeben beeindruckt und beginnt, jede Information zu sammeln, derer er habhaft werden kann. In drei Schriften theoretisiert er über deren Entstehung. Seine These über riesige, mit heißen Gasen gefüllte unterseeische Höhlen wird später widerlegt. Immerhin liefert Kant einen der ersten theoretischen Ansätze, das Ereignis auf natürliche Ursachen zurückzuführen anstelle göttlicher Strafe oder gar Rache. Kants Beitrag zur allgemeinen Philosophie des »Erhabenen« ist vom Verstehen des Ereignisses von Lissabon wesentlich beeinflusst.

Belém

Im Stadtteil Belém (Bethlehem) unten am Ufer des Tejo scheint sich das koloniale Andenken Portugals zu konzentrieren.

> *Torre de Belém*
> *Padrão dos Descobrimentos*
> *Praça do Império*
> *Monumento aos Combatentes do Ultramar*

In chronologischer Reihenfolge ihrer Errichtung:

Der *Torre de Belém* stand ursprünglich auf einem Felsen in der Tejo-Mündung. Sein Zwillingsbruder am südlichen Ufer wird 1755 durch das Beben zerstört. Sie werden im Jahr 1515 in Auftrag gegeben und 1521 fertiggestellt. Beide Türme dienen sowohl als Leuchttürme als auch Feuerleitstände für die integrierten Bastionen zur Verteidigung gegen feindliche Seefahrer mit Kanonen. Im manuelinischen Stil erbaut sind sie reich verziert mit Seilreliefs, schildförmigen Zinnen und maurischen Ausgucken. An einer Seite des Turms befindet sich die Abbildung eines Panzernashorns, das ein Entdecker aus Asien mitgebracht hatte. Es dient

Albrecht Dürer als Modell für seinen weltbekannten Holzschnitt »Rhinozeros«. Die Innenräume sind Waffenlager, Pulverkammer und Gefängnis.

Der Platz des Imperiums, *Praça do Império,* wird durch einen quadratischen Garten mit einem gewaltigen Springbrunnen von 30 m Durchmesser ausgefüllt. Der Platz wird im Jahr 1940 anlässlich der »Ausstellung der portugiesischen Welt« angelegt. Pflanzen formen die 32 Wappen der ehemaligen Provinzen des gigantischen Kolonialreiches.

Vom Fluss aus gesehen bilden die weißen Mauern des Hieronymus-Klosters und der *Igreja Santa Maria de Belém* einen fast eleganten Hintergrund. Des Klosters dekorativer Höhepunkt ist sein Südportal. Die so leicht anmutende Konstruktion hat das Erdbeben 1755 nahezu unbeschadet überstanden.

Padrão dos Descobrimentos

Aus Anlass des 500. Todestages Heinrichs des Seefahrers lässt das Salazar-Regime 1960 das »Denkmal der Entdeckungen« errichten.

Die Konstruktion aus strahlend weißem Kalkstein symbolisiert eine Karavelle unter prallen Segeln auf der Ufermauer des Tejo, als wolle sie jeden Moment in See stechen. Auf dem ansteigenden Deck stehen je Seite backbords und steuerbords 16 namhafte Persönlichkeiten des Spätmittelalters in Portugal, angeführt von Heinrich am Bug, der das Modell einer Karavelle in der Hand hält. Seine Begleiter sind Seefahrer, Maler, Astronomen, Missionare, Mathematiker, Kartographen, Dichter und Forscher.

Im Innern befinden sich ein Auditorium für 100 Personen, ein Raum für Ausstellungen und ein Aufzug zur Aussichtsplattform. Aus 56 m Höhe haben wir bei strahlender Sonne einen herrlichen Ausblick auf den Tejo, die *Ponte de 25 de Abril*, den *Torre de Belém* die *Praça do Império*, die *Igreja Santa Maria de Belém*, das Hieronymus-Kloster und die Hafenanlage.

Direkt unter uns auf dem Vorplatz sehen wir die 50 m große Windrose aus Mosaiksteinen, ein Geschenk der Republik Südafrika. Das Zentrum bildet eine Weltkarte ab, mit den verschiedenen Routen der portugiesischen Entdecker, die nach der Umrundung des »Kaps der Stürme« im Jahr 1488 die gute Hoffnung entwickelten, auf dem richtigen Weg zu den Gewürzmärkten zu sein.

Monumento aos Combatentes do Ultramar

Das jüngste Monument im kolonialhistorischen Themenkomplex ist dieses Monument zu Ehren der im portugiesischen Kolonialkrieg gefallenen Soldaten. Er wird auch gern *Guerra do Ultramar* genannt, Überseekrieg, und umschließt die militärischen, politischen und ideologischen Auseinandersetzungen zwischen dem Mutterland und den aufstrebenden Befreiungsbewegungen in den afrikanischen Kolonien, vor allem in Angola, Moçambique und Portugiesisch-Guinea. Er dauerte 13 Jahre (1961-1974). Das totalitäre Regime in Lissabon ist im Gegensatz zu anderen europäische Staaten überhaupt nicht dazu geneigt, seine afrikanischen Kolonien aufzugeben, sondern es legt sogar in der Verfassung fest, dass die Gebiete integrale Teile des portugiesischen

Staatsgebietes werden, Überseeprovinzen. Die Kosten des Krieges führen Portugal an den Rand des Staatsruins. Die Mutter des großen Kolonialreiches wird zum Armenhaus Europas.

Im Jahr 1985 wird das Denkmal eingeweiht, wird in einer kleinen Metallkapsel die ewige »Flamme des Mutterlandes« entzündet, elf Jahre nach der Nelkenrevolution. Die ersten Jahre stehen die zwei Schrägsäulen im Wasserbecken allein. Erst 2000 wird dahinter eine überdimensionale Steinwand mit den 11 000 Namen der gefallenen Soldaten errichtet. Durch spätere Anbringung von drei weiteren Ehrentafeln wird das Monument schrittweise zu einem Gedenkort für alle gefallenen portugiesischen Soldaten weiterentwickelt, in etwa das »Grab des unbekannten Soldaten«, sehr zum Missfallen der Veteranen des Kolonialkrieges, die das ehrende Gedenken an ihre Verdienste geschmälert sehen.

Selbstkritische Aufarbeitung der Kolonialzeit? Fehlanzeige.

Parque das Nações

Flussaufwärts kommen wir zum letzten Stadtteil Lissabons, das noch zum Zentrum gezählt wird, Park der Nationen, das ehemalige  Gelände der Expo 98. Über dem Ufer des Tejo schweben wir lautlos mit der »Telekabine« gut einen Kilometer zum *Torre de Vasco da Gama*, einem Aussichtsturm mit Hotel, der speziell für die Weltausstellung gebaut wurde. Das Hotel symbolisiert den Bug einer Karavelle, die Mastversteifung das pralle Segel, die Aussichtsplattform stellt den Ausguckkorb dar, ganz nach dem Motto der Expo *»Die Ozeane: Ein Erbe für die Zukunft«*

Der Aufzug führt bis in die Plattform in 145 m Höhe. Überflüssig zu erwähnen, dass die Rundsicht phantastisch ist! Neben luftigen Wohnblöcken liegen Markthallen, die Veranstaltungshalle in Form eines Raumschiffes, Bürogebäude, und man hat es nicht weit zu den Bootsliegeplätzen. Die futuristische Architektur ist ein Gegenpol zur historischen *Baixa* im Zentrum der

Hauptstadt, der »Unterstadt«. In diesem Areal befanden sich die

Hallen mehrerer Industriebetriebe. Mit der Entscheidung für die Expo legte man sich auf eine komplette Neubebauung des Geländes fest mit dem Ziel der hundertprozentigen Nachnutzung aller Gebäude. Diese Maxime hatte großen Einfluss auf die Verkehrsplanung, was der Bahnhof Lissabon Ost beweist.

Águas Livres

Auf dem Heimweg fahren wir im Uber-Taxi durch das Tal von Alcântara und unterqueren eine Wasserleitung. 1731 beginnen die

Bauarbeiten an dem modernen Aquädukt, das 1744 fertig ist. Es ist bis 1967 in Betrieb und übersteht sogar das Erdbeben von 1755! Zwar erinnern die Spitzbögen stark an die Gotik, doch ist das Bauwerk eine technische Spitzenleistung aus der Zeit des Barock. Die Statik hat die Form der Bögen errechnet. Es sind vierzehn insgesamt. Das Wasser fließt 65 m über der Talsohle und

940 m von einer Seite zur anderen. Das gesamte Kanalnetz erstreckt sich über fast 60 km.

Heute kann man das Bauwerk besichtigen werden, ja sogar den Fußweg über den *Aqueduto das Águas Livres* benutzen.

Porto Covo

Das Fischerdorf mit dem winzigen Hafen für den lokalen Bedarf und eintausend Einwohnern versucht hartnäckig, seinen ursprünglichen Charakter zu erhalten. Vor der Eckkneipe, dort wo es hinuntergeht zum Anleger, halten diese Senioren ihr Schwätzchen.

An der felsigen Steilküste gibt es eine Auswahl von Badebuchten mit sicherem Zugang vom »Oberland«. Wer kein Sommerhaus sein eigen nennt, kann sich auf unserem Camping-Platz einen Bungalow geeigneter Größe mieten. Ideal für den Familienurlaub.

Obwohl rund um den Kern weite Bebauungsgebiete erschlossen wurden, ist beim 1. OG Schluss mit Hochbau! Dafür ist jedoch der Flächenverbrauch umso größer. Ein Haar findet sich immer in der Tourismus-Suppe. Hotels und Pensionen machen Winterschlaf, die Jalousien der Ferienwohnungen sind heruntergelassen, und nur wenige Läden sind offen, jetzt im November. Tischreservierungen im Restaurant sind nicht nötig, wir haben immer freie Wahl und können so lange sitzen wie wir wollen, ohne dass die Bedienung anfängt zu drängeln. Das Dorf bereitet sich mit viel Weihnachtsbeleuchtung auf die Adventszeit vor, ganz für sich. Sie scheinen sich zu freuen, endlich etwas für sich selbst machen zu können, ohne die Fremden aus ganz Europa. Da kommt sogar bei uns Weihnachtsstimmung auf.

Sagres

Die Fortaleza dehnt sich weit auf der 300 Meter breiten Landzunge aus, die mit steil abfallenden Klippen über einen Kilometer in den Ozean ragt wie ein ausgestreckter Mittelfinger. Um seine Kuppe, die *Ponta de Sagres*, führt die Fahrrinne zum Mittelmeer, gesichert durch das Leuchtfeuer des *Farol de Sagres*.

Die Kleinstadt mit ihren knapp 1900 Einwohnern hat einen unbedeutenden Fischereihafen, war aber einmal angesichts ihrer nautisch günstigen Lage der Ausgangshafen für viele Seereisen.

Dass in Sagres zu Zeiten Heinrichs des Seefahrers eine Seefahrer-Akademie bestanden habe, wurde immer wieder behauptet, gehört aber ins Reich der Spekulation. Diese These war Produkt späterer

Jahrhunderte, vielleicht wegen der runden Gartenanlage von 42 m Durchmesser im Hof der Fortaleza aus Heinrichs Zeit, die entweder Windrose oder Sonnenuhr gewesen sein könnte. Die Nautische Ausbildung fand damals nachweislich in Lissabon und Lagos statt.

Wir lenken unser WoMo ein paar Kilometer westlich von Sagres an das *Cabo de São Vicente* mit seiner 70 m hohen, beeindruckenden Steilküste. Dies ist der südwestlichste Punkt des europäischen Festlandes. Auch hier steht ein Leuchtturm, drei Seemeilen Luftlinie vom Faro de Sagres entfernt. Sein Lichtstrahl reicht 32 sm (60 km) hinaus auf den Atlantik und ist damit der lichtstärkste Europas. Die Landschaft ist steinig, windgebeutelt, karg, und baumlos.

Im Laufe der militärischen Auseinandersetzungen der vergangenen Jahrhunderte um die Vorherrschaft in Europa fanden am *Cabo de São Vicente* immer wieder Seeschlachten statt, z.B.:

1681 zwischen Spanien und Kurbrandenburg
1719 zwischen England und Spanien
1780 zwischen England und Spanien
1797 zwischen England und Spanien
1833 zwischen England und Portugal

Immer wieder England, das seine Seemacht ausbaut. Ohne eine schlagkräftige Marine kein *British Empire*. Dazu passt der Refrain des patriotischen Marschliedes in G-Dur aus den 1740ern:

»Rule, Britannia! rule the waves! Britons never will be slaves.«

Dass die Saison wirklich vorbei ist, wird uns schmerzlich bewusst, als wir am geschlossenen Kultstand »Letzte Bratwurst vor Amerika« stehen, den eine deutsche Familie wie man hört, erfolgreich betreibt. Der Stand ist im Wintermodus, verriegelt und verrammelt. Vielleicht gönnen sie sich in Abwechslung zum portugiesischen Sommer einen erfrischenden Skiurlaub.

Ergo kommen wir heute weder in den kulinarischen Genuss des wärmebehandelten Fleischprodukts noch in den so sehr erhofften Besitz des kostenlosen Kap-Zertifikats. Welch herber Verlust!

Lagos

Wieder erwischen wir einen dieser Oberklasse-Campingplätze mit allem Komfort. Der Pool ist zwar offen, aber das Wasser zu kalt, brr. Trotz der Jahreszeit sind die WoMo-Plätze zu ¾ belegt, zumeist von Überwinterern. Das Schweizer Ehepaar gegenüber hat überhaupt keinen Wohnsitz mehr in der Heimat. Sie wohnen in einem ziemlich

großen WoMo und schleppen auf dem Anhänger ihren Smart mit sich. Das Restaurant führt eine gut sortierte Speisekarte, ist aber wenig besucht. Rentner sind eben arm. Dafür ist die Bar umso besser frequentiert. Hier haben es mir die hinterleuchteten Platten des Tresens aus Achat-Marmor angetan.

Die Phönizier und Griechen schätzten den Fang von Thunfisch, Krebsen und Sardinen und siedelten hier. Die Karthager brachten im 4. Jh. v. Chr. den Anbau von Oliven und Wein mit, bevor die Römer anrückten und ihrem oppidum den Namen *Lacobriga* gaben, er soll keltischen Ursprungs sein. 716 eroberten die Mauren die Stadt und bauten sie zur Festung aus. Erst im Jahr 1241 konnten die Christen Lacobriga mit der Hilfe deutscher und englischer Ritterorden den Mauren dauerhaft entreißen. Die neuzeitliche Bedeutung beginnt mit Heinrich dem Seefahrer, der Lagos zu Beginn des 15. Jh. zum wichtigen Stützpunkt seiner Flotte erhob.

1433 gelingt dem Seefahrer *Gil Eanes* das Unmögliche: Er segelt an der westafrikanischen Küste nach Süden über *Kap Bojador* hinaus und – er kehrt zurück! Seit 1422 hatten es andere portugiesische Kapitäne versucht und waren unverrichteter Dinge umgekehrt. Viele Nautiker kehren nie zurück, unter ihnen die genuesischen Brüder Vadino und Ugolino Vivaldi. Unter den abergläubischen Matrosen heißt die Landspitze *Kap des Schreckens, Kap ohne Wiederkehr* oder

Ende der Welt. Vier der Gründe sind: gefährliche Klippen, geringe Wassertiefen, der Kanaren-Strom nach Süden und die wiederholte Trübung der Atmosphäre durch Sahara-Staub und Nebel.

Ein weiteres, gravierendes Problem ist das zwischen 30°N und 30°S dominierende System der erdumspannenden Luftströmung der Passatwinde. Auf der Nordhalbkugel stetig aus Nordosten wehend treibt er die Karacken immer weiter hinaus auf den Atlantik. Eanes' nautischer Erfolg gilt als Meisterleistung und gibt möglicherweise den Anstoß zur Überarbeitung der damals üblichen Takelage und der Entwicklung der Karavelle. Vor der maurischen Stadtmauer von Lagos steht ein Denkmal zu seinen Ehren mit der Aufschrift:

Er öffnete das alte Meer dem modernen Menschen

Nun kommt Schwung in die Entdeckung des Seeweges um das Kap der Stürme am südlichen Ende Afrikas zu den Gewürzmärkten Asiens. Durch die Afrika-Fahrten gelangten erstmals Sklaven nach Lagos, die in Guinea und Senegal eingekauft wurden. Dies verspricht ein einträgliches Geschäft zu werden, und im Jahr 1445 wird in Lagos ein offizieller Sklavenmarkt eröffnet, dessen Gebäude bis heute existiert und als »Museum  der Sklavenrouten« besichtigt werden kann. Das anmutige kleine Museum mit dem weichgespülten Namen ist letztlich jedoch eine Enttäuschung vor dem Hintergrund von Leid und Schmerz, das die Sklaverei verursachte. Obwohl sie keine Erfindung Portugals ist, wird der Menschenhandel auch durch Portugiesen betrieben. Und heute? Keine ausgestreckte Hand. Keine Apologie. Keine Silbe des Bedauerns. Keine Selbstkritik.

Ein rührendes Exponat ist ein Stück Koralle, 25 mm, möglicherweise das Amulett einer Sklavin, ein Fundstück aus einer archäologischen Grabung bei Lagos. Koralle galt als Schutz gegen den bösen Blick.

In der Vitrine nebenan liegt ein wesentlich gruseligeres Ausstellungsstück: eine eiserne Fußfessel mit Kette.

In der Nachbarvitrine wird die Notar-Urkunde der Freisprechung einer Sklavin namens María präsentiert.

Ein Elefantenstoßzahn steht auch hier herum, etwas beziehungslos. Afrikana im besten Sinne.

Die Gestaltung ist modern und übersichtlich, sie wird aber dem gewaltigen Thema der Sklaverei nicht gerecht. Was kann denn ein Elefantenstoßzahn zur Diskussion der Versklavung von 12 Millionen Afrikanern mehr beitragen, als dass er von einem von ihnen auf ein Schiff getragen wurde? Fehl am Platz. Es fehlen Darstellungen der horrenden Zustände auf den Sklavenseglern, der Unterkünfte in den Festungsverliesen bis zur Einschiffung und der entwürdigenden Vorgänge beim Verkauf. Dies alles sind doch auch Bestandteile der Sklavenroute, oder. Mich beschleicht der leise Verdacht, man will dem Besucher Sand in die Augen streuen.

»Es wird schon so schlimm nicht gewesen sein...«

1820 wird der Sklavenhandel verboten, nach fast 400 Jahren!

In Lagos mündet der *Río Bensafrim* ins Meer, dessen letzte 1,5 km zu einem breiten Kanal ausgebaut wurden.

An seinem westlichen Ufer erstreckt sich die Altstadt hinter ihren historischen Mauern, sofern diese 1755 überstanden. Nördlich davon finden wir die kleine, weiße *Capela De São João Baptista*, die im 14. Jh. erstmalig urkundlich erwähnt wird.

Der oktogonale Grundriss mit der Kuppel deutet auf islamische Architektur aus dem 12. Jh. Kleine Fialen krönen die acht Ecken der Außenmauern und die Kuppel. Nach Ende der wurde die Kapelle Teil einer Klosteranlage und ist eines der ältesten sakralen Gebäude der Algarve. 1755 fiel sie dem vom Erdbeben ausgelösten Tsunami zum Opfer. Der Wiederaufbau begann erst 1805. Im 20. Jh. wurde das Kloster dann aufgelöst und in Wohnungen umgewandelt, die kleine Kapelle blieb, was sie war, ein religiöses Kleinod am Rand der Altstadt.

 Aus den flachen Becken hinter der Ermita konnten wir uns anfangs keinen rechten Reim machen, bis wir das alte Schöpfwerk entdeckten, das sie mit Wasser versorgte. Eine Mauer mit azulejos gab Antwort auf unsere Frage. Es war der Waschplatz des einstigen Klosters.

Geht man von der Ermita zurück an den Flusskanal in Richtung Meer, liegt links das Becken des Yachthafens, daneben der Handelshafen, der durch zwei lange Molen vom Kanal abgegrenzt wird. Und just an einer dieser Molen liegt, leider auf der drüberen Seite des Kanals, die Replik einer Karavelle. Noch weiter, wo der Kanal in leichtem Bogen ins Meer mündet, steht die gedrungene, drohende Hafenbastion mit ihrem  quadratischen Grundriss und den runden *garitas*, Wachhäuschen, an jeder Ecke, den Pulverkammern und mit den Verliesen für die entladenen Slaven, just 300 m Luftlinie vom Sklavenmarkt.

Heinrich der Seefahrer

Im Jahr 1394 wird Heinrich als vierter Sohn des Königs João I und seiner Frau Philippa of Lancester in Porto geboren. Er ist zwar ein Infante (Prinz), doch ohne realistische Aussichten auf den Thron. Aufgrund seiner königlichen Herkunft und mehrerer öffentlicher Ämter ist Heinrich finanziell in der Lage, beträchtliche Mittel in die Förderung der Seefahrt zu investieren. Er ist gebildet und belesen

und hat die Reiseberichte von Marco Polo, Wilhelm Rubruk und des arabischen Reisenden Ibn Battuta studiert.

Europa braucht Asien. Über die 6000 km lange Seidenstraße und ihre Verästelungen werden nicht nur Seide, sondern eine Vielzahl von Gütern nach Westen transportiert, weiterverkauft oder getauscht wie Gold, Edelsteine, Porzellan, Glas, Aromata Medikamente und Gewürze. In östliche Richtung sind es Pelze, Bronze, Eisen, Keramik, Jade und Lacke. Durch das Erstarken der Araber und das sich ausbreitende Osmanische Reich wird diese Handelsroute nicht nur unsicher, sondern auch teuer, unwirtschaftlich. Es werden stetig höhere Zölle erhoben. Zu viele wollen an der Route mitverdienen. Eine Alternative muss her!

Man darf nicht vergessen, dass die Seidenstraße zu dieser Zeit auch ein Pfad des geistigen Austausches ist. Wissenschaftliches, religiöses, technisches und philosophisches Gedankengut findet Wege in beide Richtungen. Denken wir an die Herstellung von Schwarzpulver und Papier, den Buchdruck, die Destillation und den Buddhismus.

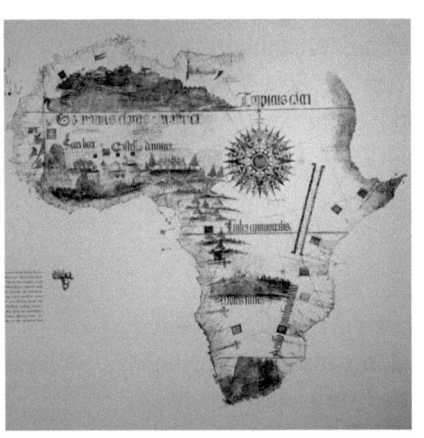

Zur wirtschaftlichen Motivation kommen weitere Beweggründe. Die Ausbreitung des Islam ist der Kurie in Rom ein Dorn im Auge. Sie ermutigt die weltlichen Herrscher zur christlichen Mission in bis dahin unerreichte Gebiete, wenn nötig, mit Nachdruck. Ein weiteres Motiv ist der Drang, die Kenntnisse der Erde zu vertiefen. Weite Gebiete des Planeten sind bis dato *terra inkognita* und harren der Entdeckung, Erforschung und Kartographierung.

Heinrich war nie aktiver Seeoffizier, ist aber Initiator, Mäzen und Auftraggeber der Entdeckungsreisen, die ursächlich als der Anfang der europäischen Expansion gelten. Unter seiner Leitung wird ab 1440 die Karacke durch den Einbau von Schrat-Segeln weiterentwickelt. 1441 lässt er in Lagos die erste *caravela latina* bauen, die gegen den Wind kreuzen kann. Mit der neuen Takelage ist nun jeder Seemann in der Lage, auch das gefürchtete *Kap Bojador* zu umsegeln. Noch aber weiß niemand, wie weit sich der afrikanische Kontinent nach Süden erstreckt, und wann endlich die Küstenlinie den Weg nach Osten freigibt.

1442 erreichen Nuno Tristão und Antão Gonçalves das Cabo Branco
1444 befährt Nuno Tristão den Senegal-Fluss
Dinis Dias passiert den westlichsten Punkt Kontinentalafrikas und entdeckt die *Terra dos Guineus.*
1445 wird in Afrika ein Handelsposten eröffnet, durch den Portugal in den Handel mit afrikanischen Sklaven einsteigt.
1446 wird der Gambia-Fluss entdeckt.
1456 entdeckt der im Dienste Heinrichs stehende Venezianer Alvise Cadamosto zwei der Kapverdischen Inseln.
1460 erfolgt die Erkundung und Besiedlung der Kapverden.
1460 stirbt Heinrich in Sagres.
Die Küste ist bis zum heutigen Sierra Leone kartiert.
Der genuesische Junge Cristoforo Colombo ist 9 Jahre alt.

König João II übernimmt Heinrichs Aufgabe. Er ordnet an, dass jeder Schiffsführer an markanten Stellen der Küste anstelle eines Holzkreuzes einen Padrão aufzustellen hat, eine Stele aus Kalkstein mit einem Kreuz, dem portugiesischen Wappen und einer Inschrift, die das portugiesische Hoheitsrecht konstatiert. Alle Aufzeichnungen, Logbücher, Kursberechnungen und Seekarten waren nach jeder Reise abzuliefern und geheim zu halten. So schreitet die Entdeckung des Seeweges zu den Gewürzmärkten unter neuer Führung zügig voran.

1484 Diogo Cão stellt einen Padrão an der Küste
     des heutigen Namibia auf. (Cape Cross)
1488 umrundet Bartolomeu Díaz das Kap der guten Hoffnung.
     Er landet in der Muschelbucht (afrik. *Mossel Baai*) und richtet
     den »Post-Baum« ein, die Postablage in einem ausgedienten
     Seemannsstiefel, in dem Briefe zum Weitertransport in beide
     Richtungen deponiert werden können.
1498 Vasco da Gama erreicht die Ilha da Moçambique und besetzt
     den traditionalen arabischen Handelsplatz für Gold, Elfenbein
     und Sklaven.
     Vasco da Gama erreicht die Gewürzinseln, 38 Jahre nach
     Heinrichs Tod.

Nicht weit von unserem Stellplatz liegt das kleine Dorf Luz, das im
15. Jh. von ein paar Fischern gegründet wird. Heute hat Luz rund
4000 Einwohner. Die *Fortaleza da Praia da Luz* ist die wichtigste
Sehenswürdigkeit, die Kirche *Igreja Nossa Senhora da Luz de Lagos*
folgt auf dem Fuße. Recht unbekannt, weil unscheinbar und durch
einen Bauzaun versteckt, ist eine römische Ausgrabungsstätte direkt
an der Strandpromenade! Komme gleich darauf zurück.

Das Fort steht auf einer Klippe direkt am
Strand und wird zum Schutz der Bucht und
des Hafens von Lagos gebaut, als Portugal
endlich seine Unabhängigkeit von Spanien
erkämpft. 1670 wird der Bau vollendet. Er hat
den Grundriss eines unregelmäßigen Vierecks
mit je einer Bastion an den vier Ecken, die ihm
eine sternförmige Form geben. Im Jahr 1984 wird das Gemäuer vom
Bürgermeister von Lagos ersteigert, der es dann zu seiner privaten
Residenz umbaut. Wem es heute gehört, ist nicht bekannt, jedenfalls
ist es ein Restaurant mit einem hübschen Garten drumherum.

Die dreischiffige Kirche wird im 16.Jh. im manuelinischen Stil gebaut. Sie hat kein Querhaus, aber einen Altar je Schiff. Sie wurde durch das Erdbeben 1755 massiv beschädigt, was eine endlose Restaurierung zur Folge hat. Der Bau wurde erst 1814 wieder geweiht. Die Säulen und Bögen der Konstruktion zeigen angeblich Stilelemente, die sich in Kirchen in Faro wiederholen und in ihrer Einzigartigkeit auf die Algarve beschränkt sind.

Die Reste einer römischen Siedlung stammen wahrscheinlich aus dem 1. oder 2. Jh. Was freigelegt ist, sind öffentliche Bäder und die Überreste einer Garum-Fabrik. (passt

eigentlich nicht zusammen wegen der üblen Gerüche) Ich stehe vor einer Tür im Bauzaun. Ein verschobenes Holzbrett erlaubt mir einen beschränkten Blick in die Anlage. Das Grabungsfeld ist eng umbaut von Appartements, die Urlauber können den Archäologen praktisch bei der Arbeit vom Balkon auf die Finger schauen. Unterhaltsam!

Während der Nachrecherche finde ich heraus, dass der Gemeinderat beschlossen hat, 310 000 € für die Konservierung und den Bau von Stegen in die Hand zu nehmen, um die Stätte für Besucher wieder begehbar zu machen. Löblich!

Albufeira

Die Kleinstadt von 22 000 Einwohnern, die zur Hochsaison um rund 200 000 Urlauber anschwillt, hat eine 2000-jährige Geschichte, müsste demnach eine römische Gründung sein. Damals heißt sie *Baltum* oder *Balteus*. Unter der maurischen Herrschaft nennt man sie *al-buhaira*, »der See«. Die antike Stadt wird auf einem hohen Felsen gebaut und ist daher nur schwer einzunehmen. Auch wohl

deshalb wird sie erst 1249 von Afonso III zurückerobert. Das Beben von 1755 zerstört die Stadt fast ganz. Auf dem Hügel bleiben ein kleines Hospital, der Glockenturm und das heutige Rathaus erhalten, wenn auch beschädigt. Selbst vom maurischen alcázar bleiben nur Ruinen.

Was Albufeira durch die Zerstörungen an altertümlichen Sehenswürdigkeiten fehlt, wird durch die vielen hübschen Gässchen, Restaurants, Cafés, Läden und Boutiquen mehr als wettgemacht. Von der tief liegenden Altstadt schlendert man zum Hauptstrand *Praia de Peneco* durch einen Fußgängertunnel. Östlich davon gelangt man über eine offene Rolltreppe zum 16 m höheren Oberland, den *Asçensor de Pescadores*. Westlich davon bietet sich ein verglaster Aufzug an, der *Elevador de Peneco* mit 24 m Hubhöhe. Nicht sehr sportlich aber bequem, alten- und kinderfreundlich. Doch der ist auch im Winterschlaf. Geschlossen wegen Reparatur.

Der frühere Fischereihafen von Albufeira wurde zum großzügigen Yachthafen ausgebaut. Moderne, bunt gestrichene Appartement-Blocks spiegeln sich im Wasser. Die Albufeiranhos nennen sie ironisch-liebevoll »Lego-Stadt«. In der Marina buchen wir eine

Bootsfahrt an die Felsenküste. Sie besteht aus Sandstein einstigen Meeresbodens, der von der afrikanischen tektonischen Platte in die Höhe gedrückt wurde. Die Wellen des Atlantiks haben sich in die Küste hinein gefräst und bizarre Strukturen geformt, steile Abhänge, weite Buchten hinterlassen und Höhlen herausgewaschen.

Höhlen gibt es viele, aber die von Benagil ist etwas Besonderes. Sie hat drei Eingänge von See her, einen hellen Sandstrand innerhalb der Höhle und – das ist die Eigenart – ein Loch in der Decke, durch die das Sonnenlicht das Innere der Grotte in ein gelbes Licht taucht. Heute herrscht kein Seegang, und unser Bootsführer traut sich in die Höhle hinein. Das sanfte Rauschen des Wassers wird als hohles Echo von der Kuppel zurückgeworfen. Über uns, am Rand des Loches, stehen Leute und schauen zu uns herunter.

Das Boot macht nun einen weiten Schlag aufs offene Meer hinaus. Die Küste mit ihren Felsen, Stränden und weißen Siedlungen wird kleiner und kleiner. Was am Himmel immer häufiger auftaucht und steil ins Wasser schießt sind Tölpel auf Fischfang. Dort müssen auch Delfine sein, sagt der Bootsführer und hält am Bug Ausschau. Die Spannung steigt. Und wirklich, bald sehen wir ihre Rückenflossen durch das Wasser schneiden. Sie schwimmen in kleinen Gruppen spielerisch unter dem Boot hindurch, zeigen ihre Rückenflosse oder hüpfen kurz aus dem Wasser. Das Fotografieren erweist sich als schwierig. Die Biester sind viel zu schnell. Wenn ich auf den Auslöser drücke, sind die schon wieder weg. Nicht sehr kooperativ!

Fazit: Es ist eine interessante dreistündige Fahrt, die uns die Algarve von der Seeseite näher-bringt. Aber ich bin etwas zu leicht gekleidet. Als sich die Sonne dem Horizont nähert und ihre Kraft verliert, ziehe ich mir eine deftige Hypothermie zu, eine Unterkühlung mit Schüttelfrost. Mein Körper hat große Mühe, die nötige Wärmeenergie aufzubringen. Als Folge hüte ich das Bett.

Am Nachmittag des nächsten Tages fahren wir mit Uber zu Lidl, und ich habe an der Kasse ein Kreislaufproblem. Im Büro darf ich ein Viertelstündchen flach liegen. Danke. Lidl lohnt sich.

Weihnachtsgeschenk

Es ist der 24. Dezember. Nach einem Spaziergang durch die Altstadt gelangen wir an die *Praia dos Pescadores* und entdecken 30 Meter über uns ein Restaurant mit Rundumblick und einem freien Tisch an der Kante. Wir schauen uns an, nicken uns zu und beschließen, dort oben unser Weihnachtsessen einzunehmen. An der Fischtheke sucht sich Ute eine Dorade aus, ich nehme Herzmuscheln.

Utes Probleme beginnen an der Rolltreppe. Die Dorade? Wir lassen uns nach Hause ubern. Ute muss sich übergeben, dazu Durchfall. Später Schmerzen im Unterbauch. Wir wollen nichts dramatisieren. Was war schlecht? Der Fisch? Die Crème Brulée? Oder die Beilage? Also Ruhe bewahren und Tee trinken.

Weihnachten. Utes Schwierigkeiten sind noch da. Die Schmerzen bleiben. Wir tippen auf Blinddarm und warten morgen ab.

10:00 Die Symptome verlangen jetzt Zuwendung. Wir finden die Anschrift des *Serviço de Urgência Básica* in Albufeira. Notaufnahme. Nichts wie hin. Anmelden. Warten.

11:00 Der diensthabende Arzt bestätigt unseren Verdacht und überweist Ute an die Uni-Klinik in Faro, wegen deren besserer Ausrüstung.

11:40. Wir fahren die 40 km in die Hauptstadt der Algarve. Anmelden. Warten im Empfang. Dann Weiterleitung in die Notaufnahme. Wieder Warten. Der Raum ist voll.

15:30. Weiterleitung zur Fachabteilung. Warteraum 10. Blut. Urin. EKG. Zur Sonografie gehe ich mit und stehe neben dem Arzt vor zwei großen Monitoren. Mühelos dringt der Ultraschall durch das weiche Darmgewebe. Dann kann der junge Arzt den Wurmfortsatz orten und mit verschiedenen Schallköpfen darstellen. Daumengroß, dunkelgrau mit heller Umrandung. Appendizitis. Der Kamerad muss raus. Warten.

17:30 Uhr. Man bemüht sich um einen OP-Termin noch heute. Ich frage nach dem Verfahren. Sie wenden die minimal-invasive Methode an ohne Öffnung der Bauchdecke, die Laparoskopie. Fortschrittlich. Man legt drei Schnitte von 7 bis 8 mm, durch welche Lichtquelle plus Kamera und zwei Werkzeugträger in den Bauchraum eingeführt werden. Der Operateur arbeitet am Bildschirm. Für die Patientin bedeutet das kürzere OP-Dauer und leichtere Anästhesie, kaum Narben und schnellere Heilung.

18:20 Warteraum 10. Die Stunden tröpfeln dahin. Wir schauen uns die anderen Wartenden an und treiben unsere Studien. Querschnitt der Bevölkerung. Auf den freien Stuhl neben mir setzt sich ein augenscheinlich Obdachloser. Ziemlich ungepflegt. Langsam breitet sich leichter Uringeruch aus. Eine ältere Frau im Morgenmantel kämpft mit ihrem Handy. Es klingelt, aber sie weiß nicht, wie sie den Anruf anzunehmen hat. Jemand hilft ihr, aber sie hält es verkehrt rum. Scheiß-Demenz. Als Mahlzeit ziehe ich Kekse aus dem Automaten. Hätte ich das gewusst, ich hätte mir Stullen geschmiert.

21:00. Ute bekommt ein Bett und muss die Patientenkluft anlegen, ein durchsichtiges, hinten offenes Nichts und eine Haube. Von nun an liegt sie in Warteschleife auf dem Flur. Vier Betten vor ihr, drei hinter ihr. Nichts passiert. Ich sitze in Warteraum 10. Eine junge Frau bietet dem Obdachlosen eine Flasche Wasser und ein Sandwich an. Hungrig beißt er hinein. Das Handy im Morgenmantel klingelt wieder. Die Frau achtet nicht darauf.

23:00. Ich fasse nach. Wenig später kommt ein Assistenzarzt mit der Einverständniserklärung zur Unterschrift. Nach dem erkundigt sich der Anästhesist nach Utes Allergien, Vorerkrankungen, Gewicht und Höhe. Es geht also los. Dachten wir. Im Morgenmantel klingelt das Handy.

00:50 Ute wird zum OP-Saal in die 4. Etage geliftet. Der Anästhesist winkt mir, ich kann mit, muss aber vor dem Saal warten. Klar!

02:20 Der Anästhesist kommt heraus und berichtet, alles sei gut verlaufen. Sie liegt nun im Aufwachraum.

03:30 Die Schiebetür öffnet sich. Sie schieben Ute an mir vorbei in die Station. Sie sieht mich. Erstaunt. »Was machst du denn hier?« Sie wirkt müde, erschöpft, aber froh, dass alles vorbei ist.

04:30 Ich bin wieder im WoMo in Albufeira. Erleichtert. Ute hat die OP bestens überstanden. Schlafen. Weihnachten ist vorbei.

Am Nachmittag fahre ich wieder hinüber nach Faro. Die Klinik ist überbelegt. In ein volles Sechs-Bett-Zimmer haben sie für Ute das siebte Bett zwischen die Fenster hingestellt. Ute im Mittelpunkt des Gewusels. Unhaltbar.

Es ist eng und laut. Ich spreche mit der Oberschwester und verlange Utes schnellstmögliche Entlassung. Natürlich muss sie mit dem Arzt sprechen. Obwohl die Medizintechnik für die Behandlung auf hohem Niveau steht, zeigt die Einrichtung der Pflegestationen ziemlichen Nachholbedarf. Das gilt auch für die sanitären Einrichtungen.

Am nächsten Tag stecke ich den Kopf ins Büro der Oberschwester, um sie zu erinnern. Kurze Zeit später kommt sie an Utes Bett mit dem Entlassungsbrief. Die antibiotische Infusion wurde in Tabletten umgerechnet, und zur Nachsorge müssen wir uns bis zum Ziehen der Klammern in zehn Tagen bei der Notaufnahme in Albufeira melden.

Silvester verbringen wir gaaanz ruhig mit etwas Leckerem zu essen und einem Gläschen Champagner. Am Neujahrstag werden die ersten Klammern gezogen.

Eine Woche später trauen wir uns wieder hinaus. *Per Pedes*. Einen Kilometer weg liegt das *Verde Milha*, ein unter Portugiesen sehr beliebtes SB-Restaurant. Der Parkplatz quillt über. Anfang Januar sehen wir weder Touristen noch ausländische Kennzeichen. Wir stellen uns in die Schlange vor dem

Regal mit den Tabletts. Der Raum ist riesig und rechteckig, er fasst so um die tausend Leute. Gediegene Einrichtung, viel edles Holz. Das Buffet nimmt die lange Seite komplett ein. Die Auswahl lässt keine Wünsche offen. Leider weiß man am Anfang nicht, was noch auf einen wartet. Womöglich ist bei den späteren Köstlichkeiten der Teller schon voll. Dafür gibt es Plastikschalen zum Mitnehmen, gegen eine Gebühr.

Am Ende der »Nahrungsaufnahmestrecke« wird der Teller gewogen und das Ergebnis auf einer Chipkarte gespeichert. Damit ist auch das Fassen von Nachschlag geregelt. Gezahlt wird am Ausgang. Auf der Bühne gegenüber dem Buffet erzeugt ein Alleinunterhalter mit elektronischer Untermalung dezente musikalische Berieselung. Nach einer halben Stunde kommt eine bunte Truppe hereinspaziert, jung, alt, Männlein, Weiblein, ein Akkordeon und zwei Gitarren.

Der Alleinunterhalter hat jetzt bitte Mittag. Das Ensemble bietet ein umfangreiches Repertoire an Folklore dar, ein Musikstück nach dem anderen, ohne Pause. Gäste kommen nach vorn und machen Fotos. Man kennt sich. Die Atmosphäre ist familiär, fast heimelig. Wir kommen uns vor wie Zeugen einer großen Traditionspflege.

España

Die Brücke quert den Grenzfluss *Río Guadiana,* die Römer nennen ihn *flumen anas,* Fluss der Enten, bis ihn die Mauren in *Wādī Yana* umtaufen, bevor er schließlich hispanisiert wird. Bei der Grenzstadt Ayamonte mündet er in den Atlantik, von der Brücke aus gut zu sehen.

Bei der Stadt *Gibraleón* queren wir den *Río Odiel.* Hier wird schon weit vor den Römern Bergbau betrieben. Die Siedlung heißt damals *Olont.* Die Mauren stellen dem

Namen ihren Begriff für Berg voran: *Djebel-al-Olont*, woraus die Spanier den heutigen Namen formen. Sprache lebt.

Der *Río Odiel* mündet bei *Palos de la Frontera*. Das Städtchen ist bis heute der Sitz der Familie Pinzón, erfahrener Seefahrer und Reeder, die Columbus' drei Schiffe stellen und eine wichtige Rolle spielen. Fast hätten zwei Brüder Pinzón den Ruhm, die Ehre und den Eintrag in die Geschichtsbücher für sich in Anspruch genommen. Doch das ist eine andere Story.

Cristóbal Colón

Cristofero Colombo, der Junge aus Genua, geboren um 1451, fährt schon im zarten Alter von 14 Jahren zur See. Zu einem formalen Schulabschluss wird das kaum gereicht haben. Unklar ist daher, woher Cristofero seine Kenntnisse in Latein und Mathematik hatte, denn beides hilft ihm später bei der Kartographie und der Nautik sowie dem Umgang mit Jakobsstab und Astrolabium. Während einer Fahrt auf dem Atlantik gerät sein Schiff 1476 querab der Küste der Algarve in eine Seeschlacht und wird dabei versenkt. Cristofero zählt 25 Lenze. Er kann schwimmen und rettet so sein Leben. Er bleibt in Portugal und lebt fortan in Lissabon, wo sein Bruder Bartolomeo als Kartograph arbeitet. Er gibt seinem Namen die portugiesische Schreibweise: *Cristóvão Colombo*. Zeitweise arbeiten die beiden Brüder als Zeichner zusammen.

Als er 1478 eine Seefahrt nach Madeira unternimmt, lernt er dort die etwa gleichaltrige *Filipa de Perestrelo e Moniz* kennen, Tochter einer verarmten Adelsfamilie, die in die lange Geschichte portugiesischer Entdeckungen eingebunden war. Ein Jahr später heiraten die beiden und leben einige Zeit auf der elf Kilometer langen Insel Porto Santo, 30 sm nordöstlich von Madeira im Atlantik, dort wird Sohn Diego geboren. Cristóvão studiert die Logbücher und Seekarten aus dem Nachlass seines Schwiegervaters. Die Historiker sind sich ziemlich sicher, dass hier sein brennendes Interesse für die Schiffsrouten nach Asien aufkeimt.

1482-1483 nimmt er an einer Erkundungsfahrt teil, die ihn an der westafrikanischen Küste hinunter bis zum portugiesischen Handelsposten São Jorge da Mina führt, im heutigen Ghana zwischen Togo und der Elfenbeinküste. Möglich ist, dass ihm der Fortschritt der Erschließung der Gewürzroute zu schleppend erscheint, denn noch immer weiß man nicht, wie lang sich der afrikanische Kontinent nach Süden ausdehnt. Und der Druck, eine alternative Route zur Seidenstraße zu eröffnen, wächst.

Die Theorie der Kugelform der Erde ist seit dem Altertum bekannt und wird auch von der Kirche akzeptiert. Die Legende, im »dunklen Mittelalter« glaubten die Menschen an die Erdscheibe, kommt erst im 19. Jh. auf und wird bald entlarvt. Die Wahrscheinlichkeit der Existenz einer Landmasse westlich von Europa wird vielfach geteilt. Angespülte Teile unbekannter Holzarten, Pflanzen und uneuropäisch aussehende Wasserleichen befeuern diese Vermutung. Es bleibt aber ein Rätsel, wie groß die Entfernung zu ihr ist. Cristóvão sammelt alles verfügbare Material, Schriften von Aristoteles, Pierre d'Ailly, Roger Bacon, Marco Polo und dem irischen Mönch Brendan.

Er informiert sich über die vorherrschenden Meeresströmungen. Er versteht das Phänomen der Passatwinde und erkennt, dass er sie für seinen Plan nutzen kann, indem er zu den Kanarischen Inseln segelt und dann nach Westen schwenkt. Er macht zwar vieles richtig, bei der Berechnung der eurasischen Landmasse unterlaufen ihm zwei Irrtümer. Er setzt die Längengrade zu eng, und er unterstellt, dass zwischen Ostasien und Westeuropa keine Landmasse existiert. So kommt er zum irrigen Ergebnis, dass die Entfernung zwischen Japan und den Kanaren nicht reelle 20 000 Kilometer beträgt, sondern nur etwa 4 500 Kilometer. Das liegt ohne Anlaufen einer Versorgungsstation gerade noch

im erreichbaren Rahmen. Hätte Amerika nicht dort gelegen wo es immer noch liegt, Cristóvão und seine Mannen wären nie zurückgekehrt, sondern auf weiter See elend verhungert oder an Mangelkrankheiten gestorben.

So glaubt er fest an die Durchführbarkeit seines Vorhabens und will es unter allen Umständen realisieren. Selbstverständlich übersteigt eine Expedition dieser Größe Cristóvãos materielle Möglichkeiten, dazu benötigt er ausreichend staatliche Finanzmittel und Protektion durch ein respektiertes Staatsoberhaupt.

1484 *(8 Jahre bis zum Aufbruch)*
Cristóvão trägt seinen Plan König João II von Portugal vor. Doch er stößt auf Ablehnung, auf der Basis des von Heinrich dem Seefahrer hinterlassenen Wissens hält Joãos Expertenrat die Entfernung für deutlich länger und das Vorhaben für schlichtweg undurchführbar. Klare Ansage.

Im selben Jahr stirbt seine Frau. Cristóvão zieht mit seinem Sohn Diego von Lissabon nach Spanien mit der Absicht, die katholischen Majestäten Isabel I von Kastilien und Ferdinand II von Aragón für sein Vorhaben zu gewinnen. Er hispanisiert seinen Namen zu Cristóbal Colón.

1486 *(6 Jahre bis zum Aufbruch)*
Cristóbal wird in Córdoba von Alonso de Quintanilla, dem Schatzmeister der Krone, empfangen. Er und andere Persönlichkeiten am spanischen Hof werden enthusiastische Befürworter, jedoch lehnt ein eingesetztes Prüfungskomitee die Pläne als nicht praktikabel ab. Doch Cristóbal bleibt am Ball und folgt dem Hof von Ort zu Ort. Er lernt Beatriz Enríquez de Arana kennen, mit der er Sohn Fernando haben wird.

1487 *(5 Jahre bis zum Aufbruch)*
Der Kardinal Pedro González de Mendoza verschafft Cristóbal eine erste Audienz bei Isabel I. Ohne Ergebnis. Die Majestäten sind auf

den Krieg gegen das Emirat von Granada fokussiert und haben keinen Nerv für Cristóbals überspanntes Vorhaben. Er muss warten.

1488 *(4 Jahre bis zum Aufbruch)*
Im März reist er zu einer erneuten Präsentation vor König João II von Portugal, wiederum ohne Ergebnis.

In Lissabon erlebt er die Rückkehr des Bartolomeu Díaz von seiner Umrundung des Kaps der Guten Hoffnung.

Cristóbals Bruder Bartolomeo reist nach England und Frankreich, um dort Unterstützung und Finanzierung zu finden.

1490 *(2 Jahre bis zum Aufbruch)*
Cristóbal und Bartolomeo erarbeiten die sogenannte Kolumbuskarte, eine Weltkarte in ptolemäischer Tradition.

1491 *(1 Jahr bis zum Aufbruch)*
Cristóbals Pläne werden vom spanischen Hof erneut abgelehnt. Man vertröstet ihn auf eine wohlwollende Prüfung nach den Krieg gegen Granada, um ein Sponsoring durch andere europäische Staaten zu vermeiden. Cristóbal ist verzweifelt. Er ist 40, für die damalige Zeit und Lebenserwartung nicht mehr ganz jung. Er ist entschlossen, nach Frankreich zu reisen und macht sich mit Sohn Diego (11) auf den Weg in den Hafen von Huelva. Am Rand der Stadt, direkt an der Mündung des Odiel, liegt das Kloster de Santa María de la Rábida. Hier übernachtet Cristóbal und vertraut sich dem Franziskaner Fray Juan Pérez und dem Arzt García Hernández an. Die beiden überreden ihren Gast zum Bleiben, und Pérez schreibt der Königin einen nachdrücklichen Brief. Cristóbal wird an den Hof zurückgerufen und erlebt gerade noch die Kapitulation Granadas unter dem 33-jährigen Emir Mohammad XII am 2. Januar 1492.

1492
Die Verhandlungen in Granada scheitern an den hohen Forderungen Cristóbals, die Isabel I nicht akzeptiert. Er verlässt die königlichen Gemächer und macht sich endgültig auf den Weg nach Frankreich. Es gelingt Luis de Santángel, dem Rechnungsführer des Hofes, seine

Königin umzustimmen. Ein schneller Reiter der Garde holt Cristóbal zehn Meilen außerhalb Granadas ein. Am 17. April wird der Vertrag unterschrieben, am 3. August sticht Cristóbal Colón mit drei von der Familie Pinzón zur Verfügung gestellten Schiffen vom kleinen Hafen Palos de la Frontera bei Huelva in See, einer Karacke und zwei Karavellen (*Santa María, Pinta* und *Niña*).

Cristóbal unterläuft ein letzter Irrtum, den er bis zum Lebensende nicht bereit sein wird, zuzugeben oder gar zu korrigieren: Er glaubt ernsthaft, den Seeweg nach Indien entdeckt zu haben.

Isabel und Colón, Kartenstudium

Sanlúcar de Barrameda

Vor ein paar Jahren waren wir in Huelva, haben auch das kleine Kloster besucht und fahren zügig weiter, in einem riesigen Haken den Nationalpark Doñana umfahrend, in Richtung Sevilla. Diese wunderbare Stadt kennen wir auch schon, in der Ferne sehen wir die Giralda, das ehemalige Minarett der ehemaligen Hauptmoschee. Wir nehmen die Umgehung und fahren an Sacramento, Lebrija und Trebujena vorbei ins »Sherry-Dreieck«. Sanlúcar de Barrameda liegt mit seinen 70 000 Einwohnern am linken Ufer der Mündung des Guadalquivir, 90 Flusskilometer von Sevilla und ist bis zum Ende des Kolonialreiches der wichtigste Hafen Spaniens.

Nur die innerhalb der dreieckigen Region um *Jerez de la Frontera* nach der Solera-Methode anfertigten Weine dürfen Sherry genannt werden oder Xérèz (phönizisch *Cera*, lat, Ceret, maurisch *Sherish*). Bereits 1781 werden Weine aus Sanlúcar außerordentlich gelobt, heute genießt der *Manzanilla-Sanlúcar de Barraneda* den Schutz regionaler Herkunft nach europäischen Normen. Er gehört zur Art des Xérèz Fino, des trockenen weißen Sherrys. Man genießt diesen außergewöhnlichen Wein aus Palomino-Trauben ziemlich gekühlt bei 5° bis 7° als Aperitif oder zu allen Arten von Tapas, besonders zu Meeresfrüchten. Ich liebe einen Schuss Manzanilla in einer klaren Suppe. Ein Genuss für Nase und Gaumen!

Vom gut geführten Stellplatz machen wir eine Wanderung an die Landspitze Chiringuito. Die angekündigten Korallenbänke können

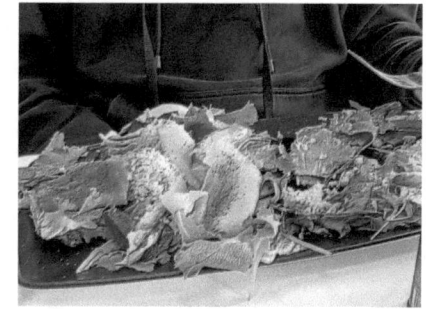

wir nur an den Schaumkronen erkennen, wo sich die Wellen brechen. Hier mündet der Río Guadalquivir in den Atlantik, und weiter draußen hat sich im Tidebereich grauer Schlick gebildet. Die schöneren Strände liegen am anderen Ufer. Wir gönnen uns etwas Gutes zu Essen im Venta Aurelio und gehen durch die Siedlung zum Auto zurück.

Kleine, große, elegante und schlichte Häuser auf Grundstücken aller möglichen Formen und Lagen wollen bewundert werden. Einige stehen schlicht und streng in weiß, andere leuchten in kreativen Farben. Palmen beschatten vertrauliche Sitzecken, Orangenbäume prahlen mit reicher, leuchtender Ernte. Alle Gegensätze haben eins

gemeinsam: Zur Straße hin grenzen sich alle durch eine zwei Meter hohe Mauer ab. Wir gehen in einer Schlucht, links und rechts zwei Meter. Wenn wir etwas erspähen, dann durch Löcher in den Toren, wenn ich auf Zehenspitzen stehe oder die Mauer niedriger ist.

»My home is my castle«.

Das *Castillo de Santiago* wird 1477-1478 auf einem Felssporn erbaut, auf dem zuvor ein maurischer Alcázar gestanden hatte.

Wir haben am nächsten Tag den Bus Línea 3 zur Avenida Duquesa Isabel in die Stadt genommen. praktisch, preiswert, gut, € 1,10 pro Person und Fahrt. Die Parkgebühren in der Stadt sind höher.

Am Eingang informiert uns ein Hinweis, dass Königin Isabel I beim Besuch des fertiggestellten Kastells zum ersten Mal das Meer gesehen habe. Das ist doch mal eine interessante Nachricht für die Nachwelt, oder? Wir kommen darauf zurück.

Interessant und wichtig ist Sanlúcars Rolle bei der Entdeckung der Neuen Welt. Alle Seefahrten dieses Endzwecks außer der ersten Reise Colóns beginnen hier. In den 30 Jahren zwischen 1492 und der Rückkehr Juán Sebastián Elcanos 1522, der ungewollten Entdeckung Amerikas und der geplanten Entdeckung des Pazifiks, haben sich die Dimensionen der bekannten Welt dramatisch verändert. Neue Maßstäbe werden für das Befahren der gerade erst erschlossenen Ozeane Atlantik und Pazifik erforderlich.

Vom *Castillo de Santiago* schlendern wir durch schmale Straßen, in denen uns vorbeifahrende Pkws fast streifen, die Gehwege haben die Breite eines Kleiderbügels. Wir müssen hintereinander herlaufen. Gewöhnungsbedürftig. Rechts und links schauen wir in schattige, kühle Innenhöfe, zwischen arabesk gefliesten Wänden wuchern Palmen und Bougainvilleas. Schmiedeeiserne Tore halten fotografierende Touristen oder ungebetene Besucher fern.

Das elegante Portal der *Iglesia de Nuestra Señora de la O* stammt aus dem Jahr 1360 und wurde im Mudéjar-Stil mit gotischen Anspielungen konzipiert. Der Glockenturm steht auf dem Fundament eines der sieben Türme einer früheren maurischen Festung. Die Kirche wurde in Form einer dreischiffigen Basilika errichtet.

An der Stadtmauer entlang führt die *Cuesta de Belén* hinunter in den unteren Teil Sanlúcars. Die Stützmauer des darüber liegenden Gartens wurde gegen Ende des 15. Jh. für die Einrichtung von 13 Ladenlokalen ausgehöhlt und mit einer gotischen Fassade aus Säulen und Bögen verziert. Dieses Projekt diente der Belebung des Handels und des Gewerbes. Heute findet man hier Büros und Ausstellungsräume.

Die anheimelnde *Plaza del Cabildo* ist mit ihren Springbrunnen, Läden, Cafés und Restaurants die »Gute Stube«. Hier trifft man sich nach der Mittagshitze auf einen Spaziergang, einen paseo, einen café solo und small talk. Das Plätschern der in sich zusammenfallenden Wasserfontänen echot von den Wänden der Häuser und gaukelt Kühlung vor.

Isabel

Isabel ist das erste Kind aus der zweiten Ehe Johanns II von Kastilien und León und Isabel von Portugal, sie wird 1451 geboren. Ihr Vater stirbt, als sie drei Jahre alt ist. Ihr Halbbruder folgt als Enrique IV auf dem Thron und verstößt Isabel, ihre Mutter und ihren jüngeren Bruder vom spanischen Hof. Es herrschen raue Sitten.

Sie ist stämmig von Statur, sportlich, rotblond, eine vorzügliche Reiterin und erhält in Ávila eine exzellente Ausbildung. Enrique IV unternimmt mehrere Anläufe, Isabel jung zu verehelichen. Der erste Kandidat, Karl von Viana, verstirbt plötzlich; gegen den zweiten, Alfonso von Portugal, kann sie sich wehren; nicht jedoch gegen den dritten, Perdo Girón. Doch vor der Hochzeit verstirbt dieser Verlobte an Diphterie. Als nächsten Kandidaten wählt Enrique IV den Bruder des französischen Königs Louis XI, Charles de Valois, als zukünftigen Gatten seiner Halbschwester. Doch Isabel flieht nach Valladolid. Sie hatte sich bereits anders entschieden. Sie beauftragt ihren jüdischen Finanzberater, Abraham Seneor, Ferdinand von Aragón einen Heiratsantrag zu überbringen. Der nimmt den Antrag an, verkleidet sich als Eseltreiber und reist mit nur wenigen Vertrauten zu ihr nach Valladolid. Sie heiraten am 19.10.1469. Isabel ist 18.

Nach Enriques Tod im Jahr 1474 besteigt sie den Thron Kastiliens. Ferdinand und Isabel regieren ihre Reiche von Kastilien-León und Aragón gemeinsam. Und so schaffen so die Grundlage für ein gesamtspanisches Reich und, *pero no menos importante*, für das künftige spanische Kolonialreich.

Die Könige von Kastilien-León und Aragón residieren in Valladolid. Erst 1561 verlegt Philipp II den Hof nach Madrid. Zur Wahrnehmung der Regierungsgeschäfte gehören auch Reisen innerhalb des Königreichs. Warum Isabel I im Jahr 1478 nach Sanlúcar reist, ist leider nicht überliefert. Möglich, dass sie zur Einweihung des gerade fertiggestellten Alcázar geladen war. So erklärt sich der Hinweis einer Schautafel in der Burg, dass sie bei ihrem Besuch des Kastells zum ersten Mal das Meer gesehen haben soll. Es sind diese nebensächlichen Bagatellen, die der Tourist gern aufgreift, hic!

Noch bevor die Reconquista mit der Kapitulation Granadas beendet ist, werden Andersgläubige in den eroberten Gebieten gezwungen, zum Christentum zu konvertieren. Hatten die Mauren die beiden anderen großen abrahamitischen Religionen geduldet und davon profitiert, ist es damit jetzt vorbei. Denn man traut den Konvertiten nicht über den Weg. Besonders die Marranen, bekehrte Sefardim, werden verdächtigt, als Kryptojuden weiterhin ihren alten Riten zu huldigen. 1488 führen Isabel und Ferdinand die Inquisition ein. Sie berufen sich dabei auf die päpstliche Bulle *Exigit sincerae devotionis* von Sixtus IV aus dem Jahr 1478 und schaffen in ihrem Reich den *Consejo de la Suprema y General Inquisición*. Drei Monate nach der

Kapitulation Granadas erlassen sie ein Edikt, das alle Sefardim zum Christentum zu konvertieren oder das Land zu verlassen haben. Der dann folgende Exodus bedeutet für Spanien einen riesigen geistigen und wirtschaftlichen Schaden.

Papst Alexander VI, ein Borja aus der Provinz Valencia, verleiht dem Königspaar 1494 die Würde von *reyes católicos.* (katholische Könige)

1502 werden auch noch die verbliebenen Muslime ausgewiesen, ein weiterer großer Verlust, in diesem Fall an landwirtschaftlichen und handwerklichen Fähigkeiten. Mit der Schaffung eines Klimas von Zensur, Denunziation, Intoleranz und Konformismus legt sie den Grundstein für Spaniens wirtschaftlichen Niedergang in der Neuzeit. Der Gold- und Silbersegen aus den lateinamerikanischen Kolonien gaukelt dem Land (vergänglichen) Wohlstand vor und unterminiert die unternehmerische Initiative.

Isabel stirbt 1504 mit 53 Jahren in der Provinz Valladolid.

Magellan

Schon zu Zeiten Heinrichs des Seefahrers entsteht zwischen Spanien und Portugal eine heftige Konkurrenz. Nautische, astronomische, geografische und meteorologische Erkenntnisse werden von beiden Seiten streng geheim gehalten. Weitergabe wird als Verrat mit dem Tode geahndet. Nach Columbus' Entdeckung 1492 weiten sich die Streitigkeiten auf die entdeckten Gebiete aus, bald kommt es zu Überschneidungen der jeweiligen Ansprüche.

Das Eingreifen Papst Alexanders VI bringt mit dem Vertrag von *Tordesillas* die Aufteilung der Welt zwischen den Kontrahenten, aber keinen Frieden. Die anderen Seemächte jener Zeit oder gar die Betroffenen in den entdeckten Ländern werden nie gefragt.

Während Portugal nach Süden und Osten expandiert, fahren die Spanier nach Westen, um zu den Schätzen Asiens zu gelangen. Nachdem 1513 Núñez de Balboa den Isthmus von Pánama überquert hatte, dämmerte ihnen, dass ihnen eine riesige Landmasse den Weg versperrt: América. Schon Kaiser Karl V regt 1523 den Bau eines Kanals an und gibt den Auftrag zur Suche nach dem geeigneten Ort.

1515 fertigt der Gelehrte Johannes Schröder in Karlstadt am Main einen Erdglobus an, der in Südamerika auf der Breite 40°S eine Meerenge zeigt, die den Atlantik mit dem »Südmeer« verbindet. Dem jungen portugiesischen Seefahrer Fernão de Magalhães kommt dies zu Ohren. Da er davon überzeugt ist, dass die Gewürzinseln im spanischen Teil der Welt liegen, reist er 1517 nach Spanien und schlägt Kaiser Karl V eine Expedition vor, um diese Inseln für die kastilische Krone zu sichern. Karl willigt ein, und 1519 sticht eine Flotte von fünf Schiffen und 242 Mann von Sanlúcar de Barrameda in See. Dem portugiesischen König Manuel I ist dies nicht verborgen geblieben. Er ordnet an, der Flottille den Weg zu versperren und jedes Besatzungsmitglied unter Arrest zu nehmen, das portugiesisch kontrollierten Boden betritt.

Fernando Magellan, wie er von nun an genannt wird, und seiner Mannschaft bleibt nichts erspart: Flaute, Verlust eines Schiffes, Hunger, Skorbut, Meuterei, Würmer, Ratten und die Desertion eines Schiffes. 1520 ist die Meerenge passiert. Magellan tauft das Südmeer nach *paz* (Frieden) *Oceano Pacífico*. Ihm bleiben nur noch drei Schiffe und 150 Leute. Auf dem Archipel, der später Philippinen heißen soll, kommt es zu heftigen Kämpfen, bei denen ein weiteres Schiff verlorengeht. Magellan fällt, und mit ihm verlieren 35 Männer ihr Leben. Die beiden verbleibenden Schiffe *Victoria* und *Trinidad* erreichen bald die Molukken. *Juan Sebastián Elcano* wird zum Kapitän der *Victoria* ernannt. Er erwirbt wohl die ersehnten Gewürze, aber die *Trinidad* schlägt leck und kann die Weiterfahrt nicht mehr antreten.

Nach abenteuerlicher, hindernisreicher Fahrt umrundet Elcano mit 47 Europäern und 13 Ostindern als Besatzung auf der *Victoria* 1522 das Kap der Guten Hoffnung. Auf dem weiteren Weg verliert die Victoria den Vormast und 21 Besatzungsmitglieder. Als Elcano auf den (portugiesischen) Kapverden versucht, Proviant zu kaufen und Seeleute anzuheuern, geraten 13 seiner Männer in portugiesische Gefangenschaft. Angesichts der Übermacht sucht Elcano sein Heil in der hastigen Flucht und lässt seine Männer widerstrebend zurück.

Am 6. September 1522 läuft Elcano mit einem kaputten Schiff und nur noch 17 Mann in den Hafen von Sanlúcar de Barrameda ein, nach zwei Jahren, elf Monaten und zwei Wochen. Von der ursprünglichen Mannschaft waren noch 18 übrig. Obwohl die Ladung von 26 Tonnen Gewürzen einen beachtlichen Erlös erzielte, war das gesamte Unterfangen ein ausgeprägtes Verlustgeschäft.

Séa como séa (sei dem wie es sei), die erste Weltumsegelung war geschafft. Die Durchfahrt durch den südamerikanischen Kontinent heißt in Gedenken an den mutigen Seefahrer die Magellan-Straße. Karl V, der Habsburger, in dessen Reich die Sonne nie untergeht, setzte sich persönlich dafür ein, dass die 13 Gefangenen auf den Kapverden in ihre Heimat zurückkehren durften.

Mit dem Bau des Panamá-Kanals verlor die 700 Seemeilen lange Durchfahrt zwar an Bedeutung, sie wird aber bis heute von vielen Schiffen befahren. Der Weg um Kap Hoorn beträgt im Vergleich zur Magellan-Straße immerhin 1310 Seemeilen, fast das Doppelte. Sie gehört zum chilenischen Hoheitsgebiet.

Baelo Claudia

»Die Flagge folgt dem Handel.« Diese Maxime der Kolonialisierung galt bereits in der Antike. Kaufleute mit einem sicheren Gespür für neue Produkte oder begehrte Rohstoffe bauten sich Stützpunkte mit Lagern und Faktoreien zu deren Veredelung und ersuchten ihren Staat um Schutz, wenn die Wertschöpfung Begehrlichkeiten bei Anderen weckte. Bereits im 2. Jh. v. Chr. stand hier eine *cetaria*, eine Fabrik für die Verarbeitung von Thunfisch, lange bevor Augustus im 2. Jh. n. Chr. die Provinz *Hispania ulterior Baetica* einrichtete.

Der leicht verderbliche Rohstoff wurde getrocknet, gesalzen oder zur beliebten Würzsauce *garum* fermentiert, die ins gesamte römische Reich exportiert wurde. Es bedurfte einer klugen Infrastruktur mit Straßen, Kais, Frischwasserzufuhr, Abwasseranlagen, Lagerräumen, Gebäuden für die Verwaltung und Wohnhäusern für die Mitarbeiter und ihre Familien. Ihre höchste Blüte erreichte die Siedlung der

Forschung nach im 1. und 2. Jh. n. Chr. Die Verarbeitungsbehälter sollen ein Fassungsvermögen von über 90 000 Litern gehabt haben. Unglaublich! Den Namenszusatz Claudia erhielt Baelo von Kaiser Claudius im 1. Jh. n. Chr. Ende des 2. Jh. erschütterte ein Erdbeben die Stadt und zerstörte einen großen Teil der Anlagen. Der finale Niedergang der Siedlung fiel mit dem Zerfall des Römischen Reiches zusammen.

Die Grabungen begannen 1917 und legten eine der wohl am vollständigsten erhaltenen Anlagen auf der iberischen Halbinsel frei. Viele Jahre ruhten die Arbeiten und wurden erst 1966 wieder aufgenommen. Infolge der Finanzierung der Grabungen durch die EU ist der Eintritt ihrer Bürger frei. Die Anlage wird auf drei Seiten von Hügeln umrahmt, die den Blick aufs Meer freilassen. Als wir Baelo besuchen, blühen die Wiesen gelb. Wir gehen an den Resten eines Aquädukts vorbei und sind auf der Ost-West-Achse zum Theater. Schlau wurde die Geländeneigung für den Bau der Zuschauerränge ausgenutzt. Auf dem Weg hinunter zur Garum-Fabrik passieren wir das  Forum mit dem Tempel und der Statue des Trajan. Nach ein paar Metern passieren wir die Grundmauern einer klassischen Therme mit der Fußbodenheizung, dem Hypocaust unter dem Caldarium.

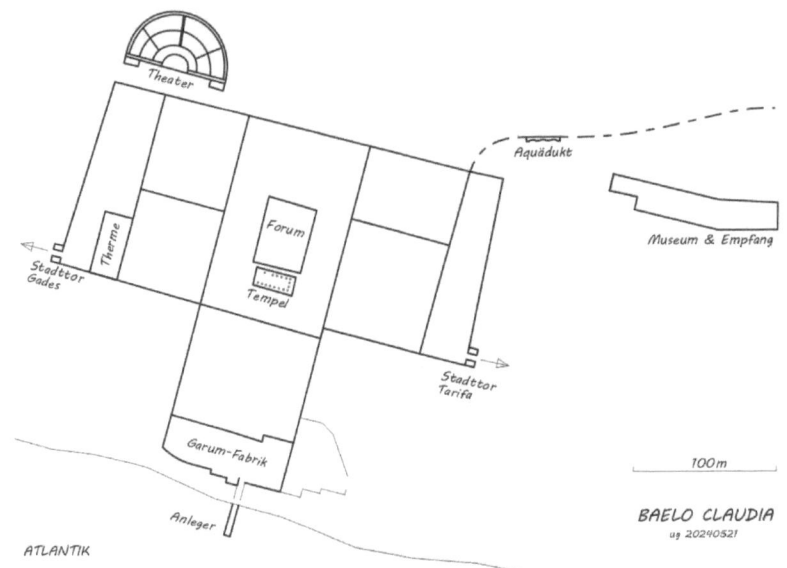

Theater

Aquädukt

Museum & Empfang

Therme

Forum

Stadttor
Gades

Tempel

Stadttor
Tarifa

Garum-Fabrik

100 m

Anleger

ATLANTIK

BAELO CLAUDIA
uj 20240521

Schließlich stehen wir vor der Fischverarbeitung. Die vielen in den

Boden eingelassenen Becken liegen nahe am Meer, nicht nur wegen der kurzen Wege von der Landung zur Fabrik, sondern vor allem, um die Gerüche mit dem Seewind von der Siedlung wegblasen zu lassen. Um das Grabungsfeld wurden zahlreiche Fundamente freigelegt, die auf eine Stadtmauer mit vierzig Türmen schließen lassen.

2007 wurde östlich der Ruinen ein etwas zu groß geratenes Museum cum Forschungszentrum eröffnet. Was an gefundenen Artefakten nicht in übergeordnete Museen in Madrid oder Cádiz verbracht wurde, kann hier in hellen Räumen bewundert werden.

Tarifa

Von Baelo bis Tarifa sind es gerade mal 17 km. Wir erreichen das östliche Ende der *Costa de la Luz*, der Küste des Lichts. Mit seinen knapp 20 000 Einwohnern ist das Städtchen der südlichste Ort des europäischen Festlandes. Wir sind Afrika so nahe wie von keinem anderen Punkt unserer Reise, ganze 14 km trennen uns von den Ausläufern des Rif-Gebirges, die im blauen Dunst gegenüber der Meerenge stehen.

Eigentlich müsste sie Straße von Tarifa heißen, nicht Straße von Gibraltar. Aber so ist das mit den Namen, irgendjemand spricht ihn aus, und er ist in der Welt. In der Antike nannten sie die Meerenge *Gaditanum fretum* nach Cádiz.

Der Affenfelsen von Gibraltar und der Djebel Musa in Marokko sind zwei Berge, die als Säulen des Herkules das Ende der antiken Mittelmeerwelt bedeuten sollen, besonders aus Sicht der Seeleute. Sie liegen 30 km östlich von hier am Ausgang des Mittelmeers. Einer Legende zufolge brachte Herkules am eine Markierung an: *»Non Plus Ultra«* »Nicht mehr weiter«.

Kluge Köpfe des 16. Jahrhunderts geben den Säulen Symbolwert, indem sie das Durchbrechen von Wissensgrenzen mit dem Durchfahren der Säulen gleichsetzen und sie zu einem Scharnier zwischen Antike und Moderne ausdeuten wie Francis Bacon in seiner Druckschrift *Instauratio magna*. Der Satz unter dem Segler, der die Säulen gerade durchfahren hat, lautet *Multi pertransibunt & augebitur scientia*, in deutsch etwa »Viele werden hindurch fahren, die Erkenntnisse der Wissenschaft werden sich mehren«. Unter Kaiser Karl V wird dieser Aphorismus zu »Plus Ultra« ins Gegenteil verkehrt und findet Platz im spanischen Staatswappen. Die Regionen Andalusien, Melilla und Cádiz übernehmen es ebenfalls in ihre Wappen.

Wir stehen an der Wasserstraße, die eine Tiefe von 300 m bis 900 m haben soll, aber wir sehen die Strömung nicht. Wegen der Verdunstung ist der Wasserstand im Mittelmeer niedriger als im Atlantik, so dass an der Oberfläche eine Million Kubikmeter pro Sekunde hineinfließt. Da das Mittelmeerwasser salzhaltiger ist, ergo eine höhere Dichte besitzt, fließt über dem Grund der Gibraltar-Schwelle, eine Gegenströmung hinaus in den Atlantik.

Noch ein Superlativ: Dank der stets stark wehenden Winde ist Tarifa eine der drei Welthauptstädte für Kite- und Wind-Surfer, neben *Ho'okipa* auf Hawaii und *Fuerteventura* in den Kanarischen Inseln. Zahlreich sind in der Stadt und an den Stränden die Werbetafeln von Kite-Schulen, Ausrüstern und Reparaturshops zu sehen. Die bunten Kite-Schirme tanzen oft so dicht beieinander über den Wellen, dass man fürchtet, sie könnten sich verheddern. *Los locos por el viento* heißen die Surfer bei den Tarifeños, die nach dem Wind Verrückten.

Große Sorge bereitet die illegale Einwanderung aus Marokko. Ich denke an meinen Deutsch-Schüler Mohammed, der aus Guinea über Lampedusa zu uns kam. Er musste 140 km im Boot zurücklegen, hier wären es nur 14 km gewesen. Aber die Straße von Gibraltar ist wegen Wind, Wellen und Strömung erheblich gefährlicher und wird oft unterschätzt. Mehrere hundert Ertrunkene werden jährlich an den spanischen und marokkanischen Stränden geborgen. In den fünf Jahren von 1997 bis 2001 waren es laut Statistik der AFVIC (*l'Association des amis et familles des victimes de l'immigration clandestine*) 3286 Tote. Die Zahl der ins Meer abgetriebenen und verschollenen Männer, Frauen und Kinder bleibt im Dunkel. Man geht in Tarifa von einem Faktor drei aus, also *in toto* 13 000 Tote in fünf Jahren.

Im Rahmen meiner Recherchen zum Thema Afrika stieß ich vor ein paar Jahren auf das utopische Projekt *»Atlantropa«* des Bauhaus-Architekten Herman Sörgel. Ein Staudamm mit Schleuse an der Straße von Gibraltar sollte den Zufluss von Wasser aus dem Atlantik reduzieren, um an den mediterranen Küsten Neuland zu gewinnen. Die Küstenlinie würde dabei um 20 bis 90 km vorverlegt werden. Verkehrstechnisch waren Fernverbindungen zwischen Paris und Dakar via Gibraltar vorgesehen sowie von Berlin und Rom über eine Landbrücke via Sizilien nach Kapstadt. Ein Wasserkraftwerk im Staudamm bei Gibraltar sollte Teile Europas mit elektrischem Strom versorgen. Die Planung hatte um 1920 begonnen, 1940 wurde der Verein »Atlantropa-Institut« gegründet, der versuchte, Förderer zu gewinnen und Geld für die Durchführung aufzutreiben. Auch das Nazi-Regime wurde angesprochen, lehnte eine Mitwirkung jedoch ab, da ihm das Projekt zu pazifistisch schien. Noch im selben Jahr wurden Sörgel weitere Publikationen verboten. Herman Sörgel starb Weihnachten 1952 an den Folgen eines ungeklärten Verkehrsunfalls. Das »Atlantropa-Institut« wurde 1960 geschlossen. Seien wir froh!

Dass die Phönizier Tarifa gegründet haben, wird vermutet, dagegen ist die Besiedelung des oppidums *Tingentera* durch die Römer schon im 1. Jh. gesichert. Den Römern folgten die Westgoten als dominante Macht auf der iberischen Halbinsel, die aber innerlich zerrissen und durch mangelnde Loyalität des Adels gegenüber dem König geprägt war. Dazu kamen außenpolitische Probleme mit den Franken, den Vandalen, den Basken, den Sueben und dem Oströmischen Reich. Gegen Ende des 7. und zu Beginn des 8. Jh. wurde das Reich durch Epidemien geschwächt. Eine Hungersnot führte zum dramatischen Rückgang der Bevölkerung, die Machtkämpfe zwischen der Krone und dem renitenten Adel nahmen zu. In diesem Zustand erfolgte das Übersetzen eines Expeditionsheeres und der Angriff auf Tingentera unter dem Befehl des Berbers Tarif ibn Malik im Jahr 710. Nach der einhelligen Meinung der Historiker ist Tarif der Geber des neuen Namens der Siedlung. Die genauen Intentionen des Berberführers sind unklar, er wird aber gewiss den inneren und äußeren Zustand des Westgotenreiches erkannt und seinen Vorgesetzten in Marokko mitgeteilt haben.

Im historischen Zentrum von Tarifa wird 906 auf einer abgeflachten Felsentafel auf Anordnung des Kalifen von Córdoba, Abd ar-Rahman III die *alcazaba* fertiggestellt. Sie grenzt unmittelbar an den Hafen und diente zu dessen Schutz gegen Piraten, Anschläge der Wikinger und Überfälle der Fatimiden aus dem heutigen Marokko, die

dort ein Gegenkalifat errichtet hatten. Markant ist der oktogonale, massige Turm, vor dem *Sancho IV el Bravo* thront.

Im Zuge der Reconquista erobert ein Heer unter König Sancho IV von Kastilien und León 1292 auch Tarifa. Doch die Freude ist nur kurz, noch im selben Jahr gelingt es einer Armee der Meriniden aus Nordafrika, nach Tarifa überzusetzen und die Stadt zu belagern. Sie entführen den Sohn des Kommandanten Guzmán und drohen ihn zu töten, sollte sich die Burg nicht ergeben. Der Legende nach warf Guzmán ihnen seinen Dolch zu, damit sie seinen Sohn damit töten konnten. »Lieber will ich als Mann ohne Sohn sein als ein Mann ohne Ehre.« Seine Gefolgsleute nannten ihren Chef fortan »Guzmàn el Bueno«. Was aus seinem Sohn wurde, konnten wir leider nicht herausfinden. Der Vater wurde reich mit Ländereien belohnt, wie es damals üblich war, und begründete die Linie der Herzöge von Medina Sidonia, die noch bis weit ins 20. Jh. zu den größten unter den andalusischen Großgrundbesitzern zählten.

Nach der Rückeroberung der maurisch besetzten Gebiete musste die Wirtschaft wieder angekurbelt werden, allem voran verlangte die Infrastruktur nach Verbesserung. Zu diesem Zweck wurde in die alte Stadtmauer ein Tor für die neue Straße nach Jerez eingefügt, die *Puerta de Jerez*. Die Fachleute waren Muslime, die auch weiterhin im katholischen Spanien geblieben waren. Sie bauten das Tor so, wie sie es gelernt hatten, im *Mudéjar*-Stil.

Der Schiffsverkehr zwischen Spanien und dessen überseeischen Kolonien verschaffte Tarifa im 16. und 17. Jh. Arbeit und Wohlstand. Viele Tarifeños waren selbst Seefahrer oder waren sonstwie an der Kolonisation beteiligt. Handel und Gewerbe blühten auf. Mit dem Ende des Kolonialreiches war das vorbei. Die Bevölkerungszahl Tarifas nahm ab. Man besann sich wieder auf das Handwerk, welches schon zu Zeiten der Römer eine solide Rolle spielte, den Fischfang, vor allem den Fang des Roten Thunfisches, *almadraba*.

Tarik ibn Ziyad (670-720)

Die neue Religion aus Mekka breitet sich rasend schnell aus, bald schon über ganz Nordafrika bis an den Atlantik. Neben Mekka sind Damaskus und Kairo gewichtige Zentren des Islam. In Damaskus herrschen die Umayyaden, Kairo ist Sitz der berühmten Universität. Es herrscht Aufbruchstimmung. Der Islam als Buchreligion bringt einheitliche Regeln ins Leben der vielen unterschiedlichen Stämme und führt zur Schriftlichkeit, Arabisch als *lingua franca* begünstigt die Verständigung.

 Tarik, Sohn des Ziyad, wird 670 geboren. Als junger Mann tritt der Berber dem Islam bei. Seine Fladenbrote verdient er sich als Offizier unter dem Heerführer und Statthalter der einst römischen Provinz Ifriqiya, Musa ibn Nusair. Der erteilt Tarik im Jahr 711 den Auftrag, über die Meerenge zu schippern und dort drüben einen Brückenkopf zu bilden. Nach erfüllter Mission erhält er 5000 Mann Verstärkung. Die Truppen der Westgoten eilen nach Süden, um die Invasoren zurückzudrängen, und es kommt zur Schlacht am *Río Guadelete*. Die Westgoten unterliegen, und ihr König Roderich verliert sein Leben. Tarik ibn Ziyad hat seinen Brückenkopf auf der Iberischen Halbinsel gesichert. Im Jahr 712 setzt Musa mit einem arabischen Heer von 18 000 Mann über. Alles geht rasend schnell. Sie erobern die meisten Städte des intern und extern geschwächten Westgotenreiches bis hinauf zur Hauptstadt Toledo im Handstreich, allerdings ohne den ausdrücklichen Befehl von höherer Stelle. Das gibt Ärger. Tarik und sein Vorgesetzter Musa werden vom 6. Kalifen der Umayyaden, *al-Walid I,* zum Rapport nach Damaskus befohlen, um sich für ihre Eigenmächtigkeit zu verantworten. Sie verlieren ihre Ämter und fallen in Ungnade. Man hat nichts mehr von ihnen gehört.

Wir verabschieden uns vom Atlantik und klappern die Mittelmeerküste in Richtung Norden ab, d.h. die verschiedenen Abschnitte:

Costa Gaditana, Costa del Sol, Costa Tropical, Costa de Almería, Costa Cálida, Costa Blanca, Costa del Azahar, Costa Dorada, Costa del Garraf, Costa del Marisme und die Costa Brava

In dieser Reihenfolge von Süden nach Norden. Bis zur französischen Grenze liegen 1530 km vor uns. Unser Plan ist, die Strecke in acht Etappen einzuteilen und einigermaßen interessante Orte anzulaufen.

Schau'n mer mal.

Gibraltar

Als wir unterhalb des Affenfelsens im Yachthafen von *La Línea de la Concepción* unser Wohnmobil ausrichten, blasen uns sieben Beaufort-Stärken um die Ohren, und es regnet kräftig. Uns gegenüber pfeift der Wind in den Wanten der Boote, und die Stahldrähte der Falle schlagen rhythmisch mit hellem kläng-kläng-kläng-kläng an die schlanken Aluminiummasten.

Weil Tarik ibn Ziyad mit einem Teil seiner Truppen hier anlandet, nennen die Berber den steilen Felsen ihm zu Ehren auf arabisch *Djebel-al-Tarik*, was sich mit der Zeit im Spanischen zu Gibraltar abschleift.

Gibraltar **ist** der Felsen. Etwa 400 m ragt er zwischen der Bucht von Algeciras und dem Mittelmeer auf, mit Antennen gespickt, in drei Jahrhunderten von den Militärs durch den Bau von Kavernen und Tunneln wie ein Schweizer Käse ausgehöhlt und von 300 Makaken (Berberaffen) permanent bewohnt. Mit Betonung auf *permanent*. Denn eine Legende prophezeit, dass der Union Jack so lange über Gibraltar weht, wie die Affen auf dem Felsen turnen. Um dieses sicherzustellen, kümmert sich ein eigens abgestellter Korporal der britischen Armee um das Wohlergehen der verflohten Frechdachse. Daher gilt für Touristen: Füttern bei empfindlicher Strafe verboten! Churchill *himself* soll angeordnet haben, die verwandten Primaten aus Marokko zu importieren, um die kleine Kolonie zu verstärken.

Wir machen uns zu Fuß auf den Weg zur Passkontrolle, denn wir verlassen heute die EU. *Greater Britain* gehört ja nicht mehr dazu. Und Gibraltar ist britisches Hoheitsgebiet. Dann müssen wir warten, weil der Übergang abgesperrt ist, alle Schranken sind geschlossen.

Ein Passagierflugzeug im Landeanflug. Piloten benötigen eine extra Lizenz für diesen Flughafen, denn der *runway* ist nur 1 700 m lang, und dieser Felsklotz *is an aerodynamic marvel.* Abhängig von Windrichtung und -stärke erzeugt er unberechenbare Querwinde, die sich blitzartig entwickeln und wieder in sich zusammenfallen. Unser Flieger landet sicher, wendet am Ende der Rollbahn und kommt noch einmal an uns vorbei auf dem Weg zum Vorfeld. Solange bleiben die Schranken unten. Erst danach dürfen wir die Landebahn queren und suchen in der »Stadt« ein gutes Café, um endlich zu frühstücken.

An den Großen Kasematten vorbei gehen wir durch den *Landport Tunnel,* einst der einzige Landzugang nach Gibraltar, schwer bewacht und mit Palisaden, Ziehbrücke, einer Schwarzpulvermine, Wassergraben und metallenen Hindernissen. Nicht nur äußere Feinde waren abzuwehren, sondern auch Schmuggler von innen, die ihre Kontrabande nach Spanien bringen wollten.

Während unseres letzten Besuches hatten wir die Seilbahn bemüht, um auf den Berg zu kommen. Doch die wird gerade repariert. Wir bleiben hier unten und gehen *windowshopping* in der Main Street, der Hauptgeschäftsstraße. Hier reihen sich Juweliere, Parfümerien und Souvenirläden aneinander. Gibraltar galt früher als Steuer- und Zollparadies, was sich günstig auf die Verkaufspreise ausgewirkt hatte. Das ist offenbar vorbei. Wir vergleichen die Parfümpreise mit denen im deutschen Online-Handel und siehe da, hier ist alles sehr überteuert, *a real rip off,* Nepp, Abzocke. *No, many thanks.*

Wir stellen fest, Gibraltar schmückt sich mit zwei Kathedralen, eine für die Katholiken und eine für die Anglikaner. Die letztere scheint uns interessant für einen Besuch. Der Innenraum vermittelt uns augenblicklich den Eindruck einer Moschee, aber Stopp! Wurden Moscheen jemals als dreischiffige Basiliken aufgeführt? Nicht, dass ich wüsste. Also nachforschen. Wo liegt hier Infomaterial herum?

In der Tat stand an diesem Ort einst eine Moschee, die nach der Reconquista in eine Kirche umgewidmet wurde. Diese wurde dann um 1500 auf Anweisung von Isabel und Ferdinand abgerissen und durch einen Neubau ersetzt. 1704 geriet Gibraltar in britischen Besitz. 1779 bis 1783 belagerten spanische Truppen das Gebiet mit dem Felsklotz und nahmen es unter heftigen Artilleriebeschuss. Dabei bekam die Kirche ihren Teil ab und wurde schwer beschädigt. Von Anbeginn war das Gotteshaus für die Anglikanischen Gläubigen unter der zivilen Bevölkerung bestimmt. Da die benachbarte *King's Chapel* von der Nutzung durch das Militär voll ausgelastet war, musste die zerschossene Kirche wieder aufgebaut werden.

1820 trat John Pitt, Earl of Catham, sein Amt als neuer Gouverneur von Gibraltar an und erreichte, dass die Britische Regierung Mittel für den Wiederaufbau zur Verfügung stellte. Die Arbeiten dauerten von 1825 bis 1832. Der Architekt Peter Harrison hatte bereits 1740 einen Entwurf im neo-maurischen Stil eingereicht, um das arabische Erbe in der Geschichte Gibraltars zu würdigen. Die Bauzeit erscheint lang für einen Bau dieser Größe, dies ist dem Umstand geschuldet, dass das halbfertige Gebäude während einer Gelbfieber-Epidemie kurzfristig als Hospital genutzt werden musste. Die Kirche wurde 1838 geweiht, 1842 in den Stand einer Kathedrale erhoben und nennt sich seitdem *Kathedrale der Heiligen Dreieinigkeit*.

Im April 1951 machte die *RFA Bedenham*, (Royal Fleet Auxiliary), ein Versorgungsschiff der Mariane, im Hafen von Gibraltar fest, um Wasserbomben für die U-Boot-Abwehr in einen Leichter umzuladen. Dabei entstand im Leichter ein Feuer. Die Löscharbeiten blieben

erfolglos und endeten in einer Explosion, die auch die *Bedenham* erfasste. Der Bug wurde auf den Kai geschleudert, der Rest des Schiffes sank. 13 Menschen starben. Die Druckwelle verursachte gewaltige Schäden. Das Dach der Kathedrale wurde abgedeckt, und die farbigen Glasfenster wurden vollständig zerstört. Aus deren Scherben wurde das runde Fenster in der Ostwand hinter dem Altar völlig neu gestaltet. Für die Fenster der Seitenschiffe verwendete man einfaches Fensterglas. Wegen der Schäden war die Kirche bis Weihnachten 1951 außer Betrieb.

Prinz Georg von Hessen-Darmstadt

Brittany First könnte hier ein Wahl Slogan lauten. Alles mutet *so very british* an, von den roten Telefonzellen über die Kanonen vor dem Amtssitz des Gouverneurs, den Briefkästen mit dem heute überholten Emblem EIIR, (CIIIR nach dem neuen Dienstherrn), bis zum Wegweiser neben *The Gibraltar Bakery*, wo wir heute morgen Café und Croissant genossen hatten. Es stellt sich die Frage, wie denn dieser Appendix der iberischen Halbinsel überhaupt in englische Fänge geraten konnte, sehr zum Missfallen vieler stolzer Spanier, und warum die Briten nicht die geringsten Anstalten machen, daran etwas zu ändern.

Ende des Dreißigjährigen Krieges, 1648, verlieren die Habsburger ihre Vormachtstellung in Europa. Nur in Spanien streiten sie sich mit einer Seitenlinie der französischen Bourbonen um den Thron, woraus sich der Spanische Erbfolgekrieg entwickelt. Zur gleichen Zeit streiten Engländer und Niederländer um die Vorherrschaft auf den Weltmeeren. Es wird gefochten, Frieden geschlossen, und dann erneut gekämpft. Aber sie machen auch gemeinsame Sache gegen

Dritte, wenn es opportun erscheint. Die Engländer nutzen schamlos die Gelegenheit, mit niederländischer Hilfe Gibraltar zu besetzen.

Hier kommt Prinz Georg von Hessen-Darmstadt ins Spiel. 1669 wird er als jüngster Sohn des Landgrafen Ludwig von Hessen-Darmstadt geboren. Er entscheidet sich für eine Laufbahn beim Militär. Er dient unter Prinz Eugen im Krieg gegen die Türken, unter Wilhelm von Oranien im Feldzug gegen Irland, kehrt nach Österreich zurück und tritt dem Katholizismus bei. Kaiser Leopold I. entsendet ihn nach Spanien, um Katalonien gegen die Franzosen zu verteidigen. Er wird dort mit Ehren überhäuft und 1698 als Jorge de Darmstadt zum Vizekönig von Katalonien ernannt.

1700 stirbt Carlos II, der letzte Habsburger auf Spaniens Thron. Sein Nachfolger, der Bourbone Philipp V, ersetzt Georg durch einen bourbonentreuen Vizekönig, worauf sich Georg auf die Seite der Habsburger schlägt, nun gegen die Bourbonen. Im Auftrag Kaiser Leopolds I verhandelt und schließt er eine Allianz mit England und übernimmt, mittlerweile Feldmarschall, das Kommando über das kaiserliche Truppenkontingent an Bord der britischen Flotte, die entlang der spanischen Küste kreuzt.

1704 erobert Georg von Hessen-Darmstadt die stra-
tegisch günstig gelegene Festung Gibraltar mit 1800 Mann im Handstreich. Es wird kolportiert, dass Georg die Festung <u>nicht</u> wie taktisch üblich am Nachmittag oder im Morgengrauen angreift, son-dern während der Siesta, der Mittagspause. Wie man sieht, mit Erfolg. Eine französisch-spanische Einheit versucht wenig später, die extrem peinliche Schlappe auszubügeln und Georgs Truppe durch Belagerung zu vertreiben. Das misslingt, die Belage-rungstruppe zieht sich zurück. Seitdem ist Gibraltar
eine englische Kronkolonie. Im Frieden von Utrecht 1713 tritt Spa-nien das Gebiet auch offiziell und juristisch verbrieft an England ab.

Darauf beruft sich England bis heute.

Georg reist zum alliierten Heer vor Barcelona zurück und nimmt an der Belagerung der Stadt teil. Am 13. September 1705 fällt er beim Sturm auf die Festung Montjuíc. Die Trauer ist groß. In Gibraltar wird eine Bastion nach ihm benannt. Sein Körper wird in einem Kloster in der Nähe von Barcelona bestattet, sein Herz ruht in einer silbernen Schatulle in der Fürstengruft der Stadtkirche Darmstadt.

Ardales - Embalse Conde de Guadalhorce

Unser heutiges Ziel ist ein schöner Platz hinter Marbella mit allen Einrichtungen, *Camping La Bougainvillea*. Der Platz liegt günstig an der A-7. An der Ausfahrt kommen uns zwei WoMos entgegen, in der Einfahrt steht noch eins vor der geschlossenen Schranke. Der Fahrer steht daneben und hebt resigniert die Schultern. »Der Platz ist voll.« Wir fahren rechts ran, nehmen uns die App »Park4night« vor und telefonieren in die Umgebung. Die vier nächsten Plätze an der Küste sind ebenfalls belegt, »*completo*«. Dann finden wir einen Platz weiter landeinwärts in der Nähe des Städtchens Ardales, rufen vorsichtshalber an und können losfahren. Da sind noch Plätze frei. Da der Laden zu dieser Jahreszeit geschlossen ist, gehen wir in Ardales einkaufen, eins der Weißen Dörfer der Provinz Málaga, hübsch an einen Berg sich schmiegend.

 Was das für unser Fahrzeug bedeutet, merken wir alsbald. Die Straßen sind noch schlüpfrig vom letzten Regen, und beim Anfahren in der Steigung greifen die angetriebenen Vorderreifen nicht, sie rutschen durch. Als wir auch noch durch das Städtchen fahren, merken wir, wie eng die Häuser beieinander stehen. An einer Stelle kommen wir nicht durch und müssen zurücksetzen. Schweiß auf Utes Stirn.

Der Campingplatz liegt sportlich hügelig zwischen hohen Bergen in einem lichten Pinienwald. Weit und breit kein Ort. Hier kann man zelten, WoMos abstellen oder Bungalows mieten. Gut für Wanderer, Kletterer und Bergsteiger. Das umgebende Plateau liegt auf 1200 m Höhe. Spanien ist ein bergiges Land. Entsprechend kühl sind die Nächte, heute sind 2°C angesagt. Das kennen wir von der Küste nicht, dort gleicht das Meer die Temperaturen zwischen Tag und Nacht aus. Gut, dass unser Womo eine Heizung hat.

Zwei Kilometer entfernt liegt der *caminito del rey*, der Königspfad, in einer engen Schlucht, die ein Fluss in den Felsen geschnitten hat. Die Wände fallen senkrecht ab, trotzdem baut man ab 1914 einen Steg im Rahmen eines Staudammprojekts als direkten Zugang der Arbeiter zu ihrer Baustelle. 1921 sind die Arbeiten an den Stauseen abgeschlossen, und König Alfons XIII kommt zur Einweihung. Dabei nutzt er einen Teil des Pfades, um Volksnähe zu zeigen, und gibt ihm so seinen Namen. Mit Abschluss der Bauarbeiten hat der Steg seine Schuldigkeit getan und wird fortan als Kletter- und Abenteuerpfad durch Eingeweihte genutzt. Die schmalen hölzernen Planken »schweben« bis zu 200 m über dem Grund der Schlucht.

Abnutzung, Wind und Wetter lassen sie langsam verfallen. Als erste Unfälle passieren und sogar Menschenleben kosten, kommt er als »gefährlichster Wanderweg der Welt« schnell in Verruf und wird geschlossen. In der Folge werden 5 Mio. € in die Reparatur und den teilweisen Neubau investiert, und 2015 wird der *caminito* für die Öffentlichkeit wieder nutzbar gemacht.

Der Zugang ist auf 30 Personen pro Tag beschränkt. Kinder unter acht dürfen den Pfad nicht betreten. Man kann max. 10 Tickets für die geführte Tour (spanisch und englisch) im Internet bestellen, allerdings wird ein Vorlauf von drei Monaten empfohlen, so stark ist der Andrang. Sind noch Tickets verfügbar, können die vor Beginn der Tour um Punkt 9:00 Uhr am Eingang für €10,00 gelöst werden. Am Ende der Tour bringt ein Pendelbus die Teilnehmer an den Ausgangspunkt zurück. €2,50 pro Nase.

Wir entscheiden uns gegen den *caminito* und erforschen die Landschaft um den Stellplatz und den Stausee. Dabei müssen wir weit hinunter bis zum Wasserspiegel. Wir sind erschrocken über den niedrigen Wasserstand. Es ist Januar, mitten in der Regenzeit, mit 17% ist der See dramatisch leer. Aber die Niederschlagsperiode dauert bis April. Noch ist also Hoffnung.

Große Hinweistafeln zeigen uns Bilder und Karten des Wassersportreviers. Aus Anlass seines hundertjährigen Bestehens wird es 2021 mit der Blauen Flagge für minimalen Naturverbrauch und hoher Nachhaltigkeit ausgezeichnet. Zwei Jahre danach, 2022, ist die Dekoration wieder weg. Wegen Wassermangel. Pessimisten geben sie für immer verloren.

Vier Flüsse speisen die Stauseen *Embalse de Guadalteba, Embalse de Gaitanejo, Embalse del Guadalhorce, Embalse Tajo de la Encantada* und *Embalse del Conde de Guadalhorce.* Zusammen werden sie auch *Pantano del Chorro* genannt. Sie dienen vielen Nutznießern wie Flora, Fauna, die Wasserversorgung Málagas, Naturbeobachtung, Camping, Angeln, und Wassersport (außer motorgetrieben). Der Baubeginn ist im Jahr 1914, die Fertigstellung im Jahr 1921. Und wieder laufen wir virtuell einer illustren Persönlichkeit über den Weg, deren Leben mit diesem Projekt eng verbunden ist.

Rafael Benjumea y Burín

Der Ingenieur und Politiker wird 1876 in Sevilla geboren. Dort ist sein Vater Grundbesitzer, Viehzüchter und Rechtsanwalt. (Welch Mischung) Beruf und Politik sind in seinem Leben eng miteinander verknüpft. Benjumeas Interesse gilt Projekten der öffentlichen Hand zuvorderst im Umkreis Málagas, und hier realisiert er zwei große Vorhaben: ein Wasserkraftwerk zwischen 1903 und 1905 sowie das weiter oben angesprochene Stausee-System.

Er nimmt die angekündigte Visite Königs Alfonsos XIII zum Anlass, die hölzernen Trittplanken des Zugangs zur Baustelle in der Schlucht des Guadalhorce durch solche aus Stein und Beton zu ersetzen, um die Sicherheit des Monarchen beim Betreten des Steges zu gewährleisten. Alfonso muss beeindruckt gewesen sein, denn am 12. September 1921 verleiht er Benjumea den Titel *Conde del Guadalhorce*, Graf von Guadalhorce. Der Titel ist sogar erblich.

Parallel hierzu vollzieht sich der stete, sichere Zerfall des spanischen Kolonialreiches. Die Niederlage im Spanisch-Amerikanischen Krieg 1898 hat den fast völligen Verlust aller Kolonien zur Folge. Im Lande misslingt der Regierung, die wachsenden sozialen Gegensätze in den Griff zu bekommen, Reformstau und Korruption kennzeichnen das politische System. 1923 lässt Alfonso XIII de facto zu, dass General Miguel Primo de Rivera eine Militärdiktatur errichtet. Von 1925 bis 1930 ist Benjumea Minister für Öffentliche Arbeiten in Primo de Riveras Kabinett.

Die Aufgaben des Königs werden auf rein repräsentative Aufgaben beschnitten. In der Kommunalwahl 1931 siegen die Republikaner, zwei Tage später wird in Madrid die Zweite Spanische Republik ausgerufen. Alfonso geht ins Exil nach Rom. Dort verzichtet er auf seinen Thronanspruch zugunsten seines Sohnes *Juan de Borbón y Battenberg* und stirbt im Jahr 1941.

Die Republik bedeutet natürlich auch das Ende der Diktatur von Primo de Rivera. Wir finden Benjumea wieder als Mitbegründer der Monarchistischen Nationalpartei. Mit der Republik hat er wohl nicht viel im Sinn. Am Tage der Proklamation der Republik treffen sich prominente Mitglieder der nun abgewählten Militärdiktatur und Gegner der neuen Regierung auf dem Anwesen des Grafen und gründen eine »Denkschule« mit dem Endzweck, die Republik zu destabilisieren. 1932 beteiligt er sich am Staatsstreich von General Sanjurjo. Als der scheitert, wird Benjumea zu acht Jahren Hausarrest verurteilt, eine Strafe, die er nie antritt. Er verlässt Spanien über Portugal, verlegt seinen Wohnsitz nach Biarritz und migriert wenig später nach Argentinien.

In Buenos Aires ist er als Präsident der *Compañía Hispano Argentina de Obras Públicas y Finanzas* wesentlich am Ausbau der U-Bahn beteiligt. Ihm wird die Konstruktion der Linie C zugeschrieben. Der Betrieb der Bahn obliegt der städtischen Transportgesellschaft, die Preishoheit liegt jedoch beim Staat, d.h. der führenden politischen Partei, die aus Popularitätsgründen Preiserhöhungen blockiert. Dies führt zu irreparablen Verlusten. Um einer Insolvenz der Gesellschaft auszuweichen, wird sie hurtig verstaatlicht. Gegen die Direktoren der Erbauergesellschaft wird im Jahr 1938 ein Strafverfahren wegen finanzieller Unregelmäßigkeiten eingeleitet. Benjumea landet im Gefängnis, er ist ruiniert. Jedoch stellt das Appellationsgericht in Buenos Aires Ende 1944 seine Unschuld fest.

Als er 1947 nach Spanien zurückkehrt, trägt ihm Franco aufgrund seiner Verdienste den Posten des Präsidenten des Verwaltungsrates der staatlichen Eisenbahnen an, wo er mit der Einführung des Talgo betraut ist. Dieses Amt wird er bis zu seinem Tod bekleiden. Er wird ehrenamtlicher Präsident des Rates Öffentlicher Arbeiten, Mitglied der Akademie der Politischen Wissenschaften, Ritter der Königlichen Reiterei in Ronda, und man verleiht ihm das Großkreuz Carlos' III.

Rafael Benjumea y Burín, Erster Conde del Guadalhorce stirbt 1952 an einem Herzinfarkt, mit 76 Jahren.

Almería

Unsere Route führt zurück an die Mittelmeer-küste. Die Straße windet sich kurvenreich durch Bergland und Pinienwälder. Nach einigen Kilometern kommen wir zum Zusammenfluss der drei künstlichen Seen mit Stau-mauern, Brücken und Überström-anlagen. Restaurants und Aussichtspunkte rechts und links. Streckenweise fahren wir im  Nebel, so hoch sind wir bzw. so tief hängen die Wolken. Wir befinden uns auf 1050 über dem Meer. Durch diesen Dunst gähnen uns die riesigen Betonrinnen und Wehre an, die mögliches Überschusswasser ohne Gefahr für die Anwohner ableiten sollen. Aber wo ist das Wasser? Nur selten glitzert der Wasserspiegel zu uns herauf. Viel zu häufig sehen wir den grau-beigen breiten Trockenstreifen, der hier und da schon wieder grüne Vegetation zeigt, die ersten Moose und Gräser zwischen Leichen von Bäumen, die 1921, nach der Fertigstellung der Mauern, ertranken.

 Allmählich nähern wir uns Granada und erinnern uns an unseren Besuch vor ein paar Jahren. Die spanischen Fernstraßen sind erstklassig ausge-baut, es macht Spaß, hier zu reisen, der Verkehr ist nur in jeweiliger Stadtnähe etwas dichter. Wir fahren nördlich um die Stadt herum, und

schon begleitet uns an Steuerbord die *Sierra Nevada*. Gleißend weiß leuchtet das mächtige Bergmassiv in der Mittagssonne, bis knapp 3500 Meter hoch, um einiges höher als die Zugspitze. Dennoch liegt der höchste Berg Spaniens, der Teide, auf Teneriffa.

Stundenlang fahren wir in Höhen zwischen 600 und 1200 m ü.d.M. doch nun fällt die Straße leicht in Richtung Küste. Kurz vor Almería in der Calle Pluton in Pechina liegt unser nächster Etappenhalt *Camp y Niño*, der von einer deutschen Familie betrieben wird. Die haben sich vor zwei Jahren eine aufgelassene Schule mit großem Grundstück gekauft und einen kinder- und familienfreundlichen Campingplatz geschaffen. Man kann Bungalows mieten, sogar drei

Yurten stehen auf dem Gelände. Die WoMos stehen zwischen Mandarinen- und Orangenbäumen, wir sind aufgefordert, so viele Früchte zu pflücken, wie wir mögen. Ein paar Hühner laufen herum, ab und zu finden Kaninchen und Ferkel den Weg in die Freiheit. Pfauen rufen ihren klagenden Schrei aus dem Hintergrund. Fünf Fußminuten entfernt liegt die Endstation der Buslinie nach Almería.
Was wollen wir mehr?

Alles, was in der spanischen Sprache mit *al* beginnt, hat arabische Wurzeln, so auch Almería, *al-Miriya*, der Spiegel (des Meeres). Wenn man von der Alcazaba oberhalb der Stadt aufs Meer schaut, wirkt es wie ein Spiegel. Macht irgendwie Sinn. Der einst römische Hafen *Portus Magnus* ist versandet und verfallen, als der Kalif von Qurtuba (Córdoba), Abd-ar-Rahman III, 955 den Wiederaufbau anordnet. Er arrangiert die Herstellung von Seide und Seidengewebe sowie deren Export. Nun beginnt eine wirtschaftliche Blüte. 1489, drei Jahre vor der Kapitulation Granadas, wird Almería im Rahmen der Reconquista durch christliche Truppen erobert. In den Jahren 1512, 1522, 1529 und 1550 suchen mindestens vier schwere Erdbeben die Stadt heim und richten große Schäden an. Hinzu kommen die wiederhol

ten Angriffe durch Berber-Piraten, die Küstenbewohner der Region Almerías einfangen und in die Sklaverei nach Nordafrika deportieren.

Heute haben Kunstfasern die Seidenprodukte weitgehend verdrängt. Landwirtschaftliche Produkte aus der Region Almería spielen eine große Rolle. Die reflektierenden Plastikplanen der Plantagen sind aus den Umlaufbahnen der ISS deutlich zu sehen, siehe Google Earth. Dazu kommen mineralische Erzeugnisse aus den umliegenden Bergbaugebieten. Im Hafen steht eine aufgelassene Umschlaganlage für Erze, die von 1904 bis 1970 in Betrieb war und gegenwärtig als *Cable Inglés* zum Spazierengehen einlädt.

Die »Gute Stube« der Almereños erstreckt sich vom alten Bahnhof über den Yachthafen und dem Cable Inglés bis zum Parque Nicolás Salmerón mit seinen alten Feigenbäumen und dem schlangenartig verschlungenen Wurzelwerk dieser Giganten. Wohltuend für das Auge sind rauschende Brunnen und jede Menge Kunst, z.B. die »Springerin«, »Delfine« und der »Ruderer«.

Eine andere Kunstform fühlt sich in den 1960er und 1970er Jahren hier wie zu Hause und schafft ihre Werke, als die Provinz Almería als das »europäische Hollywood« gilt. Regisseure wie David Lean

(Lawrence of Arabia), Sergio Leone, Michael Winner (Chatos Land) und Schauspieler wie Clint Eastwood, Bud Spencer und Terence Hill sind gern gesehene Gäste. Schätzungsweise werden beinahe 500 Westernfilme im kleinen Wüstenort Tabernas gedreht und machen Almería weltbekannt. Kulisse ist reichlich vorhanden: verlassene Fincas, kleine Dorfkirchen mit ihren *espadañas* (Glockengiebeln), staubige Schluchten zwischen verwittertem Gestein, Dünen, vom Wind zerzauste Palmen und mittelalterliche Wehranlagen tragen dazu bei, diese Filme unvergesslich zu machen.

Ich erinnere mich an die wöchentlichen Gratis-Vorführungen für die 5 000 Mitarbeiter der Hazienda Casa Grande in Nordperu und ihre Familien um 1968. Mitten auf der Plaza de Armas wurde die riesige Leinwand entrollt und der Projektor des Kinos um 180° gedreht. Dicht gedrängt standen die Casagrandinos 90 Minuten lang vor dem

weißen Stoff mit den bewegten bunten Bildern. Hinter der Leinwand war mehr Platz und Luft zum Atmen als davor. Denn wer Englisch verstand (oder überhaupt nicht lesen konnte), der brauchte die spanischen Untertitel nicht. Nur, er sah das Bild halt seitenverkehrt. Westernfilme waren besonders beliebt. Ähnelte doch die Landschaft im Film in etwa dem Vorland der Anden, und Clint Eastwood hätte in seinem Folklore-Poncho vorbeireiten können, ohne aufzufallen.

Was wäre Spanien wohl ohne seine vielen mittelalterlichen Burgen, die Alcazare, Alcazabas, Fortalezas und Festungsmauern aus mehr als 700 Jahren Kampf um die Vorherrschaft? Die Alcazaba von Almería wurde von den Mauren gebaut, nicht allein zur Verteidigung gegen angreifende Christen, sondern auch, um Berber-Piraten abzuwehren. Die Stadt war wohlhabend, hier gab es was zu holen. Der Bau begann 955 und wurde immer wieder erweitert, ergänzt und verbessert. Die Arbeiten wurden erst 1498 mit der endgültigen Eroberung durch Isabel und Ferdinand beendet. 1522 wurden große Teile der Stadt durch ein massives Erdbeben zerstört, auch die Alcazaba wurde beschädigt. Und so begannen die Bauarbeiten erneut, jetzt mit dem Ziel des Erhalts und der Restaurierung, und sie dauern bis heute fort. An den Anblick von

Sperrgittern, Flatterbändern, Bauzäunen und Schildern »acceso prohibido« auf dem Burghügel muss man sich gewöhnen. Doch das wird mehr als ausgeglichen durch den herrlichen Ausblick auf die Bucht mit dem Hafen, das bergige Hinterland, die Innenhöfe mit den Springbrunnen in den Wasserbecken und das Gewusel der arabischen Altstadt zu Füßen des Burghügels.

Die Kathedrale fiel dem Beben 1522 sogar komplett zum Opfer. Zwei Jahre später begann der Neubau. Weil die Überfälle durch Piraten andauerten, bekam das Gotteshaus von außen die Anmutung einer Wehrkirche. Umso mehr überrascht uns dann das Innere mit einem barocken Kreuzgang und wertvollen Skulpturen und Gemälden.

Jayrán al-Amiri

Nach der Besichtigung gönnen wir uns eine Stärkung im kleinen Café *Mirador de la Alcazaba* neben einer einladenden *plazuela* mit Brunnen zu Füßen der Burg mit ihren zinnenbewehrten mächtigen Mauern. Den Brunnen schmückt das Standbild des *Jayrán al-Amiri*, des ersten Königs der *taifa de Almería*.

Um die erste Jahrtausendwende nach Christus geriet das Kalifat Córdoba in die Verwirrungen interner Kämpfe. Fundamentalisten kritisierten den aufwendigen Lebensstil der Oberschicht. Es kam zu Kämpfen und sogar zur Plünderung der noch jungen Palaststadt von Ab dar-Rahman III, Medinat az-Zahra, außerhalb Córdobas. Der Niedergang des Kalifats führte ab 1008 zur Abspaltung einzelner Provinzen und der Bildung unabhängiger muslimischer Königreiche, der *taifas*. Immer ging dies von Männern aus, die die Gelegenheit am Schopfe packten, um in das Machtvakuum hinein die eigene Herrschaft über ihr Umfeld aufzubauen, mit durchaus positivem Ansatz. Der Zerfall der zentralen Regierung schuf nicht nur ein Problem der inneren Ordnung, es lockte auch Feinde von außen. Überfälle, Plünderungen und Verschleppungen waren die Folge. Die Menschen wünschten sich einen starken Führer.

Jayrán war Eunuch, Sklave und hochrangiger Beamter unter dem Kalifatskanzler Almanzor (939-1002) gewesen. Außerdem war er Gouverneur von Almería. In diesem Amt wurde er in militärische Konfrontationen verwickelt, für gefallen erklärt, tauchte schwer verwundet wieder auf, erholte sich und wollte seinen Dienst wieder antreten. Doch Áflah, ein anderer Eunuch und Sklave, hatte die Stadt in seiner Abwesenheit usurpiert. Jayrán sammelte ein Heer um sich, belagerte die Alcazaba 20 Tage lang, besetzte die Medina, die heutige Altstadt, und eroberte schließlich die Alcazaba. Im Juli des Jahres 1024 proklamierte er sich zum König.

Jayrán war bemüht, sein Herrschaftsgebiet so weit auszudehnen wie möglich, auch auf Kosten seiner nächsten Nachbarn, in der ersten Phase bis Murcia, Orihuela und Jaén, danach bis an die Grenze von La Mancha im Norden und Valencia im Süden. Mit entfernteren Taifas schloss er Allianzen und Friedensverträge, so zum Beispiel mit dem König von Zaragoza und dem Grafen von Barcelona. Im Innern erweiterte er die Burg und ließ Verteidigungsmauern vom

Berg San Cristóbal bis hinunter zum Hafen errichten. Er erweiterte die Moschee um zwei Schiffe. Er war ein rastloser Macher.

Nach vierzehn Jahren aufreibender Regierungsarbeit war er des Kämpfens und Herumreisens müde, zog sich 1028 nach Almería zurück und ernannte *Zuhayr al-Amiri* zu seinem Nachfolger. Er starb im selben Jahr.

Eintausend Jahre nach seiner »Machtergreifung«, im Jahr 2015, wurde ihm zu Ehren am oben erwähnten Brunnen vor dem Eingang zur Alcazaba sein lebensgroßes Bronze-Standbild aufgestellt.

Jayrán al-Amiri, die Hand am Krummschwert.

Cartagena

Wir befinden uns nun nicht mehr in Andalusien, sondern in der Autonomen Gemeinschaft Murcia, deren Parlament hier sitzt, analog unserem Landtag. Um eine tiefe Bucht der *Costa Cálida* (Warme Küste) hat sich ein lebendiger Hafen entwickelt, der gleichzeitig die größte Marinebasis Spaniens am Mittelmeer beherbergt. Die Iberer bauten in

den umliegenden Regionen Silber ab und schufen für ihren regen

Handel den Hafen *Massia*. Nach den Arbeiten des griechischen Historikers Polybios sollen 40 000 Menschen mit der Gewinnung des Edelmetalls beschäftigt gewesen sein. Der karthagische Feldherr Hasdrubal gründete 227 v. Chr. auf den Resten Massias die Stadt *Qart-hadašt*, was in seiner Sprache soviel bedeutete wie »Neustadt«.

Von hier aus verwaltete er die übrigen Siedlungen und Niederlassungen auf der iberischen Halbinsel. Teilstücke der punischen Stadtmauer sind bei Ausgrabungen freigelegt worden und können in einem sehr ansprechenden Museum unweit des Hafens zusammen mit freigelegter Abwassertechnik und vielen anderen Artefakten besichtigt werden.

Längst hatten die Römer ein Auge auf die Silberlagerstätten, den strategisch günstigen Seehafen und die Besitzungen der Karthager geworfen. Rom strebte die dominierende Rolle im gesamten Mittelmeer an, und die Karthager waren ihnen dabei im Weg. Es kam zu den drei Punischen Kriegen zwischen Rom und Karthago.

Anfang des Zweiten Punischen Krieges 218 v. Chr. brach Feldherr Hannibal mit seinen berühmten 37 Elefanten von hier aus gen Rom auf. Wie das ausging, ist uns aus der Schulzeit bekannt. Die Römer waren letztlich Sieger. *Publius Cornelius Scipio Africanus* eroberte die Stadt *Qart-hadašt* im Jahr 209 v. Chr. und nannte sie, aus welchem Grund auch immer, *Carthago Nova*.

Die Vita der Stadt ist bewegt.

200 v. Chr. ist sie Teil der Provinz *Hispania citerior*

110 v. Chr. gehört sie zur Provinz *Tarraconensis*

45 v. Chr. erhob Caesar sie zur *Colonia Urbs Iulia Nova Carthago*

297 ist sie Hauptstadt der Provinz *Carthaginensis*

425 wurde sie von den Vandalen zerstört

475 wurde sie Teil des Westgotischen Reiches

554 als *Carthago Spartaria* wurde sie oströmisch

625 erneut westgotisch

756 kam sie unter den Einfluss des Kalifats von Qurtuba

1269 wird sie im Rahmen der von Jakob I erobert
     und erhält ihren heutigen Namen, Cartagena

Auf der *Plaza de San Francisco* haben wir unter zwei steinalten, riesigen Feigenbäumen einen Kaffee geschlürft und schlendern in Richtung *Plaza Ayuntamiento*, dem Rathausplatz, den Hügel hinauf durch die verwinkelte *Calle Osario*, der Beinhausstraße. Doch wir finden keine Sammlung von Schädeln und Knochen, sondern stehen plötzlich auf dem *Mirador Entrada Catedral*, einem kleinen quadratischen Hof mit phantastischem Blick auf die Stadt und den Hafen. Hinter uns

erhebt sich stolz die spätromanische Fassade mit dem Südportal der *Catedral antigua*. Das gotische Maßwerk und die bunte Verglasung der drei schlanken Fensterhöhlen mit den Rundbögen sind herausgebrochen, der nackte Himmel lacht hindurch.

Hinter der Fassade stehen mächtige Säulen, aber von den Gewölben ist nichts übrig. Ein achteckiger Turmaufbau über der Sakristei trägt noch sein Dach. Erdbeben? Gedanken an die Ruine *Igreja do Carmo* in Lissabon kommen hoch, nur dass die Schäden hier noch viel schlimmer sind. Wir recherchieren.

Während des Spanischen Bürgerkrieges 1936 - 1939 war Cartagena eine der am stärksten von Bombenangriffen durch Francos Artillerie betroffenen Städte, mit tatkräftiger Hilfe durch die Legion Condor, die das Dritte Reich Franco zuteil werden ließ. Etwa 16 000 Soldaten der Luftwaffe und des Heeres sowie 600 Flugzeuge waren dafür abgestellt. Auch die Kriegsmarine griff in den spanischen Krieg ein.

»Operation Ursula«. Sie entsandte die Panzerschiffe Deutschland und Admiral Speer, den Leichten Kreuzer Leipzig, einige Zerstörer und die U-Boote U33 und U34 ins Mittelmeer. Mannschaften und Offiziere des in Cartagena stationierten Teils der spanischen Flotte wahrten der legitim gewählten Regierung gegenüber ihre Loyalität. Angesichts der massiven Bedrohung von Land und zur See und der zu erwartenden Vernichtung beschloss man, sich nach Französisch Nordafrika abzusetzen. Dort wurden die Schiffe an die Kette gelegt, die Offiziere und Mannschaften interniert.

Doch zurück zur *Catedral antigua* oder zur Kirche *Santa Maria la Vieja*, wie sie auch genannt wird. Während 1988 an ihrer Ruine gebaut wurde, entdeckte man durch puren Zufall unter ihren Fundamenten ältere, römische Teile von Rängen eines Theaters. Es war eine Sensation! Ein Theater mit geschätzten 6000 Sitzplätzen war entdeckt worden, sauber getrennt nach den sozialen Schichten, über 2000 Jahre alt. Bei der Freilegung der Ruine stellten die Archäologen auch fest, dass der Bau bereits im 3. Jh. unserer Zeit zweckentfremdet wurde. Über einem großen Teil des Geländes war ein Markt errichtet worden, wobei das Theater als Steinbruch diente.

Unsere Kathedrale wurde dann im 12. und 13. Jh. auf den höchsten Punkt des Geländes gebaut, ohne das Theater unter dem Fundament zu erahnen. Hat man den Untergrund nicht vorher untersucht?
Seit Juli 2008 ist das Theater der Öffentlichkeit zugänglich. Bis heute soll es von drei Millionen Menschen besucht worden sein. Eine Perle mit bizarrer Entdeckungsgeschichte.

Ein anderer Schatz Cartagenas ist der Archäologische *Parque Molinete* auf einem Hügel mitten in der Stadt im Bereich der höchsten Grundstückspreise. Die Stadt leistet sich dies, um den historischen Reichtum des Hügels über alle Epochen vom 3. Jh. bis zum 20. Jh. lückenlos zu bewahren, also die punische, römische, byzantinische und arabische. Der Name deutet auf die letzte kommerzielle Nutzung als Ort der Windmühlen hin, bevor er zum 26 000 Quadratmeter großen Aus-grabungspark mit einem Lehrpfad umgewidmet wird. Die Arbeiten begannen 1977. Die zylindrische Mauer einer Windmühle ist bis heute erhalten, ohne Oberteil, ohne Mecha-nismus, ohne Segel.

Hier oben bietet sich ein grandioses Panoramabild der Stadt mit der neuen Kathedrale, *Basílica de la Caridad*, nur einen Häuserblock entfernt. Das klare Bauprinzip ist eine Rotunde mit einer Kuppel auf der ein aufgesetzter, durch-fensterter Tambour thront, gekrönt von einer Laterne. Im Jahr 1893 waren die Bauarbeiten abgeschlossen, alles im klassizistischen Stil.

Hannibal

Phöniker, Phönizier, Kathager oder Punier sind Namen für ein und dasselbe semitische Volk, das aus Phoinike stammt, *Purpurland*, an der Levante, dem heutigen Syrien, Libanon und Israel. Sie selbst nannten sich nie so, sondern nach ihrer jeweiligen Heimatstadt, z.B. Tartus, Arwad, Byblos, Tripoli, Beirut, Sidon, Tyros, Acre und Dor. Die gemeinsame Sprache und ab 1200 v. Chr. ein gemeinsames

Alphabet verschafften ihnen Vorteile bei Sammlung und Weitergabe von Nachrichten und beim Austausch von wichtigen Informationen. *Wer schreibt, der bleibt.*

Ihre Schrift wurde die Grundlage für die europäischen, aber auch für die hebräische und die arabische Schrift. Sie waren geschickte Handwerker, Kaufleute und Seefahrer, trieben Handel mit Ägypten, Assyrien und Persien. Bald dehnten sie ihre Handelsbeziehungen über den gesamten Mittelmeerraum aus und bildeten Stützpunkte. An der nordafrikanischen Küste eröffneten sie Handelsposten an den Endunkten der Karawanenstraßen, wo Salz, Gold, Leder, Getreide, Edelsteine und Sklaven aus dem Innern Afrikas erhältlich waren. Um 800 v. Chr. gründeten Siedler aus Tyros die strategisch äußerst günstig gelegene Stadt Karthago im Zentrum des Mittelmeers.

Während die levantinischen Städte einzeln oder zusammen in die Abhängigkeit ihrer starken Nachbarn gerieten, tributpflichtig oder sogar unterjocht wurden, entwickelte sich Karthago zu einer echten Großmacht mit Siedlungen auf Sardinien, Korsika, den Balearen, Sizilien, Ceuta, Melilla, in Spanien und Tanger. Karthago nabelte sich vom Mutterland Phönikien völlig ab, als dieses 539 v. Chr. von Persien erobert wurde. Im Jahr 507 v. Chr. schloss Karthago mit dem aufstrebenden Stadtstaat Rom einen Freundschaftsvertrag, der die Einflusssphären beider Partner regelte. Obwohl sich Karthago dem Expansionsdrang sowohl der Römer als auch der Griechen erwehren musste, florierte der Seehandel. Im 3. Jh. v. Chr. wurde die Stadt zur wohlhabendsten des mediterranen Raumes.

Hamilkar Barkas, Hannibals Vater, hatte im Ersten Punischen Krieg als Feldherr gegen römische Legionen gekämpft, die den karthagischen Einfluss auf den Westteil Siziliens zurückdrängen wollten. Die Karthager konnten sich - vorerst – behaupten. Rom verbesserte die Technik des Schiffbaus und wagte die Überfahrt nach Nordafrika. In der Schlacht bei Tynes (Tunis) 255 v. Chr. erlitt die römische Flotte eine empfindliche Niederlage. Auf der Rückreise geriet sie vor der

Küste Südsiziliens in schweres Wetter und verlor 370 ihrer 450 Schiffe. 242 v. Chr. stach eine privat finanzierte Flotte in See, mit im Kaperkrieg erfahrenen Freiwilligen bemannt. Die Führung hatte der Konsul Gaius Lutatius Catulus. Im Frühjahr 241 v. Chr. zerstörte er bei den Ägadischen Inseln südwestlich von Sizilien einen wichtigen karthagischen Versorgungsgeleitzug. Karthago musste um Frieden bitten, auf Sizilien verzichten und massive Reparationszahlungen an Rom leisten, die Karthago an den Rand des Ruins brachten. Söldner konnten nicht mehr entlohnt werden. Kelten, Iberer, Ligurer, Lybier und Griechen erhoben sich. Den folgenden »Söldnerkrieg« schlug der Oberbefehlshaber Hamilcar mit loyalen Truppen nieder.

In dieses Umfeld wurde Hannibal Barkas 247 v. Chr. hineingeboren. Er wuchs in kriegerischen Zeiten in Karthago auf. Er verbrachte viel Zeit bei den Soldaten in den Kasernen und auf den Übungsfeldern, lernte ihre Waffen zu handhaben, sang ihre Lieder und riss ihre rauen Scherze. Mit neun Jahren begleitete er seinen Vater auf einen Feldzug nach Spanien. Er hatte großes Talent und wurde mit 25 Jahren Befehlshaber der karthagischen Truppen in Spanien. Drei Jahre später, 219 v. Chr., verbündete sich 300 Kilometer nördlich von Cartagena das wohlhabende *Saguntum* (Sagunto) mit Hilfe Roms und griechischer Siedler gegen Karthago. Hannibal bezog sich auf den Ebro-Vertrag über die Aufteilung der Interessensgebiete (schon damals ein Werkzeug der Geopolitik), und er fühlte sich im Recht. Saguntum gehörte in die Sphäre Karthagos. Er belagerte die Stadt, und als sie eine Unterwerfung verweigerte, eroberte er sie kurzerhand im Jahr 218 v. Chr. Darauf erklärte Rom Karthago den Krieg. Der Zweite Punische Krieg stand im Raum.

Anstatt die militärischen Aktionen Roms bedacht abzuwarten, ergriff Hannibal die Initiative und zog noch im selben Jahr von Cartagena aus gen Rom. Er war Stratege und Heerführer und galt als einer der größten Feldherren der Antike. Er hatte durch seine taktische Begabung mehrere Schlachten in Hispanien zu seinen Gunsten entschieden. Warum sollte der Haudrauf dieses Mal scheitern?

In 15 Tagen hatte er angeblich die Alpen überquert. Seine Männer litten unter der Höhenluft, Eis und Schnee, Kälte und Wind. Abstürze, Erfrierungen und Unfälle auf eisigen Pfaden über die engen Pässe zehrten an der Moral der Truppe, jedoch konnte Hannibal sie bei Laune halten.

Als sie endlich die Po-Ebene erreichten, hatten alle 37 Elefanten die Strapazen überlebt, die Stimmung verbesserte sich, wohl spätestens nach den ersten militärischen Siegen. Hannibals Truppen gewannen eine Schlacht nach der anderen, auch durch den demoralisierenden Anblick der riesigen Kampftiere. Doch das feuchtkalte Klima des norditalienischen Winters vertrugen die bedauernswerten Kreaturen nicht. Anfang 217 v. Chr. war nur noch ein Elefant am Leben.

Hannibal zog östlich an Rom vorbei nach Apulien, um die Stadt vom Getreidenachschub aus dem Süden abzuschneiden. Dort kam es im August 216 v. Chr. zur Schlacht von Cannae, in der die Karthager das mit 16 Legionen zahlenmäßig weit überlegene römische Heer vernichteten. Es war ein erdrückender Sieg Hannibals. Die Taktik der Umfassungsschlacht wurde an vielen Militärakademien bis weit in die Neuzeit als eine der bedeutendsten Kampfmethoden gelehrt, z.B. in Preußen und den USA. Wie die Römer unterzugehen hieß fortan »ein Cannae erleiden«.

Trotz großer Geländegewinne in den südlichen Provinzen Italiens blieben die strategischen Vorteile für Hannibal aus, da das interne Bündnissystem Roms stabil blieb und Hannibal weder über genug Soldaten noch über die erforderliche Nachschublogistik verfügte, um

Rom selbst anzugreifen. Der Scheitelpunkt des Kriegsgeschicks der Karthager war erreicht. Hannibal bot Rom Friedensverhandlungen zu maßvollen Konditionen an. Doch der Senat dachte nicht daran zu verhandeln, sondern hob neue Truppen aus.

Es gelang Rom, Hannibal im Süden Italiens zu binden und seine Truppen in viele kleinere und größere Gefechte zu verwickeln, die den Rahmen dieser Reisebeschreibung sprengen würden. Sie dauern elf Jahre! 205 v. Chr. erhielt Publius Scipio die Order, seine Truppen nach Nordafrika zu führen und Karthago anzugreifen. Jetzt war Karthago in großer Not und ruft Hannibal zurück. In der Schlacht von Zama, 140 km Kilometer südwestlich der Hauptstadt erringen die Römer 202 v. Chr. einen deutlichen Sieg und beenden die Rolle Karthagos als Großmacht.

Im Jahr 201 v. Chr. diktierten die Römer einen Frieden. Karthago durfte nur zehn Trieren seiner Kriegsflotte behalten, musste alle Kriegselefanten aufgeben, es verlor alle Besitzungen außerhalb Nordafrikas und musste innerhalb von 50 Jahren 360 t Silber als Kontribution zahlen. Vor den Augen der Bevölkerung wurden im Hafen hunderte von Kriegsschiffen verbrannt. Die einschneidendste Bedingung für die politische Zukunft des punischen Staates war das Verbot, ohne Erlaubnis Roms Krieg führen zu dürfen. Karthago durfte nicht einmal souverän gegen künftige Aggressoren vorgehen.

Cartagena war ab sofort in römischem Besitz, Karthago degradiert, und Rom hatte seine dominierende Rolle im mediterranen Raum erkämpft, erstritten, erschlichen und sollte sie für die folgenden 600 Jahre bis zum Beginn der Großen Migration, der Völkerwanderung, nicht mehr abgeben.

Und was wurde aus Hannibal?

Karthago lag am Boden. Teile der Aristokratie sahen in Hannibal den Schuldigen und warfen ihm vor, nicht auf Rom marschiert zu sein und Teile der Beute unterschlagen zu haben. Seine Popularität beim

Volk verhinderte Schlimmeres. Er nutzte sie sogar für Reformen, die einige Privilegien des Adels beschnitten. Hannibal wollte Karthago militärisch und politisch wieder aufbauen, das angesichts der hohen Reparationspflichten wirtschaftlich stark belastet war. Dazu ging er auch gegen Korruption vor und schaffte sich weitere innenpolitische Gegner. Es gelang seinen Opponenten, Hannibal bei den Römern zu diskreditieren und schließlich 195 v. Chr. ins Exil zu treiben.

Er diente verschiedenen Herrschern im östlichen Mittelmeer, den Syrern, den Seleukiden, den Kretern, den Hellenen, den Armeniern und den Bithyniern. In jedem Land holte ihn der sich ausbreitende Einfluss der Römer ein. Schließlich forderte Rom seine Auslieferung, was Hannibals sicheren Tod bedeutet hätte. Er flüchtete auf einen privaten Besitz in der Marmararegion. Als ihn Häscher auch dort aufspürten, wählte Hannibal im Jahr 183 v. Chr. den Freitod durch Gift. Er wurde 64 Jahre alt.

Benidorm

Die 150 km bis nach Benidorm reiten wir auf einer Gesäßwange ab und parken unser Wohnmobil im Camping Villamar, einer riesigen, modernen Anlage. Hier herrscht beinahe teutonische Ordnung. Alle Wege sind asphaltiert und im Schachbrett angeordnet. Fünf Straßen Ost-West und zwölf Gassen Nord-Süd, geschätzte 1200 Stellplätze. Das geht nicht ohne eine gewisse Organisation, und die haben sie hier. Etwa neunzig Prozent der Plätze sind dauerhaft vermietet, durchweg an Engländer, die seit dem Brexit wieder UK Kennzeichen führen. Diese Dauerplätze sind mit Metallgerüsten und Plastik-Planen eingehaust, so dass im Sommer die Innentemperaturen erträglich bleiben, denn frischen Seewind bekommen die Plätze hier nicht mehr ab, sie liegen zu weit vom Meer entfernt und zu dicht nebeneinander. Die vielen Bäume zwischen den Plätzen sind noch zu jung, um schon ausreichend Schatten zu spenden.

Das Charmante an der Anlage ist das Restaurant mit großzügiger Terrasse, von der Eltern beim Cappuccino den beschwimmflügelten Nachwuchs im großen Freiluft-Pool beaufsichtigen können. Um die Ecke befindet sich der überdachte Winter-Pool, daneben lädt der Vielzweck-Court zu einem Match ein.

Benidorm ist fünf Kilometer Strand in einer weit geschwungenen Bucht, dahinter fünf Kilometer Promenade, dazu die Straße ausschließlich für Anlieferungen an die unzähligen Läden, Bars und Restaurants. Und dahinter schießen fünf Kilometer lang Hochhäuser aus dem Boden, kleine bunte Wohnschachteln, bis zu 47 Mal übereinander gestapelt, als wolle man mit dieser Skyline die vertrocknete Bergwelt hinter einer Kulisse verstecken. Während die Landseite der  Technik, den Aufzügen, den kleinen Fenstern der Nasszellen und Abflussrohren vorbehalten ist, sind die Urlaubsboxen zum Meer hin freigiebig verglast und mit Balkonen ausgestattet. Meerblick für alle.

Man kennt diese Art von Stadtplanung aus Miami, Panamá City, Kapstadt (Sea Point) oder Durban (Umhlanga). Die Einheimischen hier nennen ihre Bucht die »Copacabana Spaniens«.

Einen *alcázar* gibt es hier nicht, eine wuchtige Kathedrale ebenso wenig, auch keine verwinkelte arabische Altstadt, Benidorm war zu  klein und zu unbedeutend. Und wer das alte Fischerdorf sucht, muss lange laufen und genau hinsehen. Die fünf Kilometer Strand sind in der Mitte durch eine Felsnase geteilt, die sie den *balcón del mediterráneo* nennen. Besucher nutzen ihn für einen entspannenden Ausblick, Fotos für den Status in WhatsApp oder für das Album, Modehäuser schätzen ihn als Ambiente und Werbefotografen als Kulisse. Gleich hinter dem

balcón steht dann doch noch eine hübsche kleine Kirche mit blaugrau glasierten Dachziegeln auf den achteckigen Kuppeln, *Iglesia de San Juan y Santa Ana.*

Zu Beginn der 1950er Jahre ging ein Ruck durch das Fischerdorf. Der dreißigjährige weitblickende Bürgermeister *Pedro Zaragoza Orts* ließ eine Wasserversorgung bauen, die ersten Straßen asphaltieren und legte 1956 dem Gemeinderat einen visionären Bebauungsplan vor. Er wollte sein Dorf fit machen für den Massentourismus. Von da an bis 1967 wurden in Benidorm mehrheitlich Hotelhochhäuser gebaut.

Die Älteren unter uns werden sich an den Bikini-Skandal erinnern. Pedro Zaragoza hatte an seinen Stränden vorschnell das Bikini-Verbot aufgehoben. Die staatliche *Guardia Civil* war aber nicht an die örtliche Weisung gebunden und führte Bikini-Trägerinnen vom Strand weg ab. Der zuständige Bischof drohte Pedro Zaragoza mit Exkommunikation, lokale Politiker kritisierten den moralischen Verfall. Zaragoza wandte sich daraufhin persönlich an Franco und erreichte die Aufhebung des Bikini-Verbotes. Nur für Benidorm? Nein! Plötzlich galt dies für alle spanischen Strände. Großes Aufatmen.

Die Öffnung für den Tourismus schaffte Arbeitsplätze. Betrug die Einwohnerzahl in den 1959ern nur unter 6 000, schwoll sie im neuen Jahrtausend auf mehr als 70 000 an. Dazu reisten in der Hochsaison über 500 000 Besucher nach Benidorm! Seit Beginn des Tourismus sollen summa summarum 85 Millionen Menschen Benidorm besucht haben. Einmal die Bevölkerung der BRD.

Valencia

Als Liebhaber spanischer Gitarrenmusik denke bei Valencia zuerst an Joaquín Rodrigo, der 1901 in Sagunt geboren wurde und im Alter von 5 Jahren durch den Umzug seiner Familie nach Valencia kam. Da war er durch eine Krankheit bereits fast erblindet. Trotzdem studierte er in Valencia Komposition und Harmonielehre und ging zur Vertiefung seiner Studien ein paar Jahre nach Paris, wo er die türkische Pianistin *Victoria Kamhi* kennenlernte, eine Saphardin. (Saphardim: ab 1492 aus Spanien vertriebene Juden). Sie heirateten und wählten Madrid als künftigen Lebensmittelpunkt. Während seiner Zeit in Paris, so wird berichtet, traf er *Manuel de Falla*, dessen Werke ihn in seinem Musikstil beeinflussten.

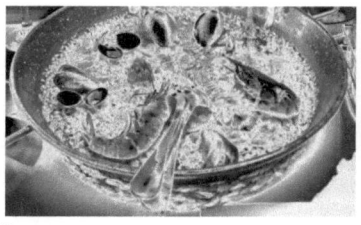

Ich denke an die Weingegenden um Requena und Utiel, etwa 70 km landeinwärts, die wir vor ein paar Jahren in Verbindung mit Utes Weingeschäft besuchten. Ich denke an Orangen und Zitrusfrüchte, den Anbau von Reis, Fischfang und Paella. Noch lagen die Reisfelder brach und waren nicht geflutet, das geschieht erst im Frühjahr.

Valencia ist mit 800 000 Einwohnern nach Madrid und Barcelona die drittgrößte Stadt des Landes. Entsprechend entwickelt, dicht und preisgünstig ist das öffentliche Verkehrsangebot. Das kommt uns sehr entgegen, denn wir wohnen 10 km Luftlinie vom Zentrum im Süden am Rand des Reisanbaugebietes.

Der Río Turia ist kein großer Fluss, aber für Valencia enorm wichtig, weil er durch ein ausgetüfteltes Bewässerungssystem die gesamte Agrarregion um die Stadt herum, die *Huerta de Valencia*, am Leben hält. Extremwetter führte immer wieder zu Hochwasser, das die Felder nicht aufnehmen konnten. Die Fluten strömten dann durch sein Flussbett in der Stadt zum Mittelmeer. Am verheerendsten war die Flut von 1957, die die Innenstadt völlig überschwemmte. Man handelte rasch. Bereits drei Jahre später war ein neues Flussbett gegraben, das den Turia südlich um den Stadtkern herum umleitete, wenn er denn überschüssiges Wasser führte.

Was war zu tun mit dem obsoleten Flussbett mitten in der Stadt? 200 m breit und acht Kilometer lang? 160 Hektar im Hochpreis-Sektor? Der erste Vorschlag war der Bau einer Stadtautobahn. Aber die vorhandenen Flussbrücken waren als Unterquerung durch den Straßenverkehr ungeeignet, zu niedrig, zu schmale Bögen. Abreißen war auch keine Lösung, denn über sie lief der rege innerstädtische Verkehr. Investoren meldeten Interesse an der Immobilie an. Die Diskussionen zogen sich hin. 1975 starb Franco, in Spanien setzte die Demokratisierung ein. Jetzt wollten noch mehr Gruppen mitreden. Bürgerinitiativen äußerten den Wunsch nach einem öffentlichen, zentralen Park für die Stadtbewohner. Das war die zündende Idee! 1976 übertrug die Regierung in Madrid die Eigentumsrechte am alten Turiabett an die Stadt Valencia, und die beauftragte im Jahr 1981 den Architekten Ricardo Bofill mit der Planung und Gestaltung. Im Jahr 1985 war dann endlich Baubeginn.

Heute ist das Flussbett als solches nur noch an den Straßenbrücken zu erkennen und trägt den attraktiven Namen *Jardines del Turia*, Gärten des Turia. Unter den Kronen exotischer Bäume finden sich Bars, Biergärten, Eis-Pavillons, Spielplätze, Radwege, Liegewiesen, ein Fußballfeld, ein Feld für Baseball, für Handball und vieles mehr. Am südöstlichen Ende schließt sich ein ganz anderes kulturelles Highlight an, die *Ciudad de las Artes y de las Sciencias*, deren Bau im Jahr 1991 begann.

Benlliure

Direkt an den *Jardines*, am Rand des antiken Stadtkerns liegt das Museum und ehemalige Wohnhaus des Malers José Benlliure y Gil. Er lebte von 1858 bis 1937, also noch vor dem Franco-Regime. Seine

Ausbildung erhielt er in Valencia bei Francisco Domingo Marqués, einem Anhänger des Eklektizismus, schlecht erklärt etwa mit dem Aufgreifen historischer Motive und Darstellung mit modernen Methoden nach der Devise des Paulus von Tarsus *Prüft alles und behaltet das Gute!* Beispiel wäre, etwa ein Thema von Francisco Goya mit den Techniken der Impressionisten zu malen. Benlliure wurde aufgrund seines außergewöhnlichen Talents an  die Spanische Akademie in Rom entsandt. Dort avancierte er zum führenden Kopf der Kolonie der Spanischen Künstler und arbeitete als Maler und als Bildhauer. Seine Gemälde gewannen Preise in Rom, Paris, München, Stuttgart und Berlin.

Wann genau er nach Valencia zurückkehrte, ist nicht dokumentiert, hier wurde er Ehrenpräsident des Kreises der Schönen Künste, bis 1924 war er Direktor des Museums der Schönen Künste, empfing das Großkreuz der Krone Italiens, und er wurde zum Offizier der französischen Ehrenlegion ernannt. 1957 übergab seine Tochter Maria das Haus, in dem die Familie gelebt und gearbeitet hatte, der Stadt Valencia. Hier fanden wir auch die Urkunde seiner Aufnahme in die Bayerische Akademie der Schönen Künste in München.

Am nächsten Morgen führt uns unsere Buslinie von den Reisfeldern zur *Ciudad de las Artes y de las Sciencias* und von da entlang dem alten Flussbett bis sie an der *Plaza de la Puerta del Mar* endet. Hier mündet auch die *Calle de Colón*, erste Adresse des Kommerzes. An diesem Platz öffnete sich ab 1356 die mittelalterliche Stadtmauer zum Hafen und zum Meer, daher auch der Name. Im Jahr 1868 wurden Tor und Mauern abgerissen.
Das heutige Tor ist eine Nachbildung des Originals. Es wurde 1944 als Ehrenmal für die Gefallenen des Bürgerkrieges errichtet. Das

Kreuz im Mittelbogen (das an das Original von Francos Grablege in der *Sierra de Guadarrama* erinnert) blieb erhalten, jedoch ist die Gedenktafel an den *caudillo* permanent abgedeckt.

Wieder zieht es uns zur Markthalle mit ihren vielfältigen optischen und kulinarischen Reizen. Über eintausend Stände bieten den  Hausfrauen und Hausmännern ihre Erzeugnisse an, von der *almeja* (Venusmuschel) bis zur *zanahoria* (Karotte). Die Vorgängerhalle aus dem Jahr 1839 stand gerade mal 55 Jahre, dann war sie zu klein. Die neue Halle war 1928 fertig und misst 8000 m² überdachte Fläche. Der Grundriss ähnelt einer fünfschiffigen Basilika mit einer wunderschönen, lichtdurchfluteten Kuppel über der Vierung. Überhaupt ist alles hell und gut durchlüftet. Die bogenförmigen Fenster sind zum Teil mit Glasmalerei verziert. Das Mauerwerk ist in roten Ziegeln ausgeführt, aufgelockert durch Elemente aus blauen Fliesen, und das alles im valencianischen Jugendstil mit Rundbögen, Parabeln und fließenden Linien.

Schräg gegenüber wartet ein Stück UNESCO-Weltkulturerbe auf uns, die alte Seidenbörse, *Lonja de Seda*. 1469 wurde der Bau als Ölbörse gegründet und ab 1533 nach Veränderungen und Erweiterungen als neue Seidenbörse genutzt. Dieses Gebäude ist eins der wichtigsten Beispiele der Profangotik in Europa. Im Innern sind der Vertragssaal mit seinen schlanken, in Wendeln verzierten Säulen und der Patio der Orangenbäume sehenswert.

Römischer Tempel, Kirche, Moschee und wieder Kirche, das sind die Stationen im Leben eines anderen Gebäudes, kaum 400 Schritte vom Mercado Central durch verwinkelte Altstadtgassen entfernt. Es ist mehr nach Norden gerichtet als nach Osten, wie für eine Kirche üblich, aber das konnte der römische Baumeister nicht wissen. Es ist die *Catedral de Santa Maria de Valencia*, genau gesagt stehen wir vor dem gotischen Apostelportal aus dem 14. Jh. mit dem gigantischen Davidsstern in der Rosette. Es grenzt an einen erhaltenen Säulenumgang des Römerbaus.

Stiltechnisch bietet das Gotteshaus alles bis inklusive Renaissance. Den Eingang zum Mittelschiff krönt eine wuchtige Barockfassade, die an den 51 Meter hohen Glockenturm *El Miguelete* anschließt. Der war einst das achteckige Minarett gewesen.

Außer den drei Glocken im Turmaufsatz, die dem Stundenschlag dienen, hängen im Turm weitere elf Glocken, die händisch von einer Läutegilde geläutet werden. In Spanien ist das ebenso lange Tradition wie in anderen Ländern, bis die profane Elektrifizierung auch vor den Kirchen nicht Halt machte. Heute gehört das Läuten von Hand zum Immateriellen Kulturerbe und wird hingebungsvoll gepflegt und weiterentwickelt.

Im Dom zu Utrecht werden die 13 Glocken von einer 50-köpfigen Läutegilde seit 1979 zu allen Anlässen von Hand geläutet. Und dies ist nicht das einzige Beispiel.

Eine weitere Besonderheit haben wir in Valencia beobachtet: das Läuten in 360°-Volldrehung im Kirchturm Santa Catalina. Das sah lustig aus und erzeugte einen anderen, ungewohnten Klang. Einem Witzbold in der Läutegilde war es dann auch noch gelungen, seine Glocke am Ende »auf dem Kopf« zum Stehen zu bringen. Klöppel in die Höh'. Das geht nur mit einem gekröpften Glockenjoch, bei dem sich die Glocke in jedem Winkel im Gleichgewicht befindet.

Die Highlights im Innern der Kathedrale sind ein großes Gemälde von Goya und der Heilige Gral, jener jüdische Segenskelch für das Pesach-Ritual. Er wurde den Schriften zufolge zwischen Jesus und den Jüngern am Vorabend der Kreuzigung zum letzten Umtrunk herumgereicht. Seit 1437 steht er in der *Capilla del Santo Caliz* in Valencia. Papst Johannes Paul II (1982) und Benedikt XVI (2006) haben hier mit ihm die Eucharistie gefeiert.

Und wie kam er hierher? Am Eingang steht ein Gestell mit Information. Wir greifen ein Blatt, gehen hinein – und landen in einer Eucharistiefeier. Die Gemeinde um uns hat sich erhoben, wir können nicht mehr zurück, ohne zu stören, also bleiben wir, den Blick immer auf den Kelch in seiner Nische gerichtet. Der kleine braune Becher in der aufwändigen goldenen und silbernen Fassung ist aus poliertem syrischem Achat gefertigt und angeblich das Original. Wie er nach Rom gelangte, ist unklar. Während der Christenverfolgung um 250 gelangte er von dort nach Huesca in Spanien, wurde während der Herrschaft der Mauren in verschiedenen Klöstern verborgen gehalten und kam schlussendlich in den Reliquienschrein des Königreiches Aragón bis König Alfons V ihn 1437 in seinen Palast holte und zu guter Letzt der Kathedrale übergab.

Das Wassergericht

Das *Tribunal de las Aguas* von Valencia gilt als die älteste Institution der Rechtsprechung in Europa und als die einzige ihrer Art, die aus der arabischen Besetzung der iberischen Halbinsel erhalten blieb. Es geht um das Wasser des Turia, das der Fluss aus den etwa 200 km entfernten Bergen in die fruchtbare *Huerta de Valencia* transportiert und hier die Existenz der Menschen sichert. Sein Wasser erreicht die größte Zeit des Jahres nicht das Meer, sondern nur sein Hochwasser. Die kostbare Ressource wird durch ein Kanalsystem auf acht Bezirke verteilt. Wen wundert es dann, dass Streit vorprogrammiert ist? Ganz besonders, wenn im Sommer das Wasser noch knapper wird!

Schon im Mittelalter wurde der achtlose Umgang mit Wasser hart geahndet. Doch auch die sorgsame Verwendung durch viele Parteien braucht Regeln und im Fall einer Missachtung die Klärung von Schuld und die Festsetzung einer Strafe. Es musste schnell gehen, Wasser wartet nicht. Der Kalif von Córdoba, Abd ar-Rahman III, bestimmte im Jahr  960, das Wasserrecht nicht einem trägen Apparat von Justizbeamten zu überlassen, sondern die täglichen Streitereien von den Parteien selbst lösen zu lassen, den Grundbesitzern und Bauern nämlich. Dazu erließ er einige klare Regeln:

Sitzungen des Wassergerichts sind öffentlich
Das Wassergericht tagt am Ende der maurischen Arbeitswoche
Sitzungen beginnen am Ende des Arbeitstages um 12 Uhr
Die Sitzungen finden in der Moschee statt
Jeder Bewässerungsbezirk wählt einen Laienrichter
Die acht Richter wählen einen Vorsitzer
Urteile werden mündlich gefällt
Die Urteile sind unanfechtbar

Das hat knapp 300 Jahre lang funktioniert! Nach der Reconquista Valencias im Jahr 1238 unter König Jaime I. von Aragón wurde das Verfahren bis auf zwei Änderungen beibehalten. Allerdings war aus der Moschee wieder eine Kirche geworden, zu der Muslime keinen Zutritt hatten.

Um den muslimischen Bauern, die immer noch in großer Zahl ihre Felder bestellten, auch künftig die Teilnahme am Wassergericht zu ermöglichen, wurden die Sitzungen ins Freie verlegt, vor das heutige Apostel-Portal.

Der Sitzungsbeginn wurde beibehalten und war von da an 12 Uhr am christlichen Donnerstag, i.e. am maurischen Samstag.

Die Erfolgsgeschichte des Wassergerichts setzte sich fort. Heute ist die Unanfechtbarkeit der Urteile verfassungstechnisch abgesichert.

Eine Sitzung dauert aus Mangel an Streitfällen nur wenige Minuten. Das Wassergericht hat jedoch von seiner Funktionalität nichts eingebüßt, sondern etwas hinzugewonnen: Es ist eine Attraktion für die Touristen geworden.

Seit dem 30. September 2009 steht das Wassergericht auf der UNESCO-Liste des *Immateriellen Kulturerbes der Menschheit*.

Ciudad de las Artes y las Ciencias

Als hätte Valencia nicht schon genug Wahrzeichen! Aber man leistet sich ja sonst nichts.... Diese Investition des späten 20. Jh. brachte die Stadt im Jahr 2012 im Verlauf der spanischen Wirtschaftskrise bis an den Rand der Insolvenz. Beschäftigte mussten entlassen, mehrere Gebäude vorübergehend geschlossen werden. Und trotzdem: Die *Stadt der Künste und der Wissenschaften* ist viel mehr als nur ein Hingucker. Wenn der Blick an den Gebäuden entlang streift, den Kurven, Parabeln und Geraden folgt und am Weiß, Blau und Türkis verweilt, fühlt man sich augenblicklich in eine andere Welt versetzt. Und es ist eine andere Welt. In starkem Kontrast zu den Jahrhunderten an Geschichte, die in der Altstadt mit einem spre- chen, widmet sich dieser einmalige Komplex von Gebäuden, künstlichen Gewässern, Grünanlagen und gewagten Brückenkonstruktionen ganz dem Hier und Heute. Der Umgang mit Fläche, Volu- men, Licht und Material ist provozierend ver-

schwenderisch. Das fällt besonders Leuten wie uns auf, die soeben dem engen Gewirr von Altstadtgässchen entkamen.

Um alles zu erkunden, sollte man sich mehrere Tage Zeit nehmen, denn das Angebot ist groß und vielfältig:

Ein IMAX-3D-Kino, das Wissenschafts- Museum, ein Planetarium, das größte Aquarium Europas, das Opernhaus und der Musikpalast mit vier Sälen, der Outdoor-Nachtclub, Sportanlagen für Tennis oder Eislauf zum Beispiel, ein

Ausstellungs- und Konzertplatz und eine Schrägseilbrücke gehören dazu. Der Pylon dieser Brücke ist mit 125 Metern der höchste Punkt der Stadt.

Das avantgardistische Bild dieses Ensembles ist das krönende Finale der *Jardines del Turia*, bevor sich das alte Flussbett im Gewirr der Hafenanlagen verzweigt.

Mit dem Entwurf wurden zwei Architekten beauftragt:

Der gebürtige Madrileño Félix Candela Outeriño (1910-1997) studier- te in seiner Heimatstadt Architektur, wollte danach in Deutschland promovieren, wurde aber während des Bürgerkrieges eingezogen. Mit der Franco-Diktatur hatte er nichts im Sinn, er emigrierte 1939

nach Mexiko. 1971 ging er in die USA, wo er eine Professur an der University of Illinois in Chicago bekleidete. Er besaß mithin drei Staatsbürgerschaften. Candela widmete sich dem Betonschalenbau, besonders der dünnwandigen, formtechnisch anspruchsvollen und eleganten, jedoch kostengünstigen Gestaltung. Damit konnte er hier einen wichtigen Beitrag leisten.

Santiago Calatrava Valls, 1951 in Valencia geboren, studierte in seiner Heimatstadt und an der ETH Zürich, wo er auch promoviert wurde. Seine Stärke liegt in der Konstruktion von Brücken, Hallen, Bahnhöfen und spektakulären Tragwerken, deren Entwürfe sich oft an natürlichen Strukturen orientieren. Seinem Wirken geht der Ruf voraus, gelegentlich sowohl den Kosten- als auch den Zeitrahmen zu sprengen.

 In der Ciudad de las Artes y las Ciencias ist alles geplant, getaktet, gesteuert, gewollt. Der Mensch hat das Sagen. Hier im L'Umbracle (katalanisch der Regenschirm) ist das nicht anders. Wirklich?
Hier trifft Technik auf Natur. Wachsen die Palmen bald durchs Dach? Oder hören sie auf zu wachsen? Oder werden sie beizeiten ausgetauscht? Diese interessante Frage muss unbeantwortet bleiben.

Auch Vögel sind Natur. Auf den gewölbten Schalendächern hinterlassen sie ihren Kot, der von schwindelfreien, angeseilten Arbeitern entfernt werden muss, bevor er sich allmählich zu Guano verhärtet. Auf den türkisfarbenen Teichen schwimmen Möwen und spülen sich genüsslich mit dem kristallklaren Süßwasser das Salz des Hafens aus dem Gefieder. Und in den oben erwähnten Palmen nisten nicht nur die gehassliebten gurrenden Stadttauben, sondern etwa seit den 75er-Jahren auch die grellgrün gefiederten Mönchsittiche.

Die Papageienart aus Südamerika gelangte als drolliger Käfigvögel nach Spanien und in andere Länder. Wo und wann die ersten ihrem

Vogelhaus entkamen oder auch ausgesetzt wurden, kann niemand mehr sagen. Papageien sind eigentlich Höhlenbrüter, wogegen der Mönchsittich der einzige Nestbauer ist. Den Namen haben sie wegen ihres Zusammenlebens in Gemeinschaften. Sie sind sehr gesellig, krächzen laut, haben keine Feinde, sie vermehren sich rasend schnell und machen eine Menge Dreck. Ihre Nester sind echte Dreizimmerwohnungen, zum Schlafen, zum Aufhalten und zum Brüten haben sie jeweils eigene Kammern.
Und wenn der Nachwuchs flügge ist, wird auch für den angebaut. Ähnlich tun es die Webervögel. So ein Gesellschaftsnest kann schon mal mehrere hundert Kilo Gewicht in die Palmenzweige bringen. Sie lieben urbanes Leben und sind in allen spanischen Großstädten anzutreffen. Wieder mal spalten sich die zweibeinigen Mitbewohner in Verehrer, Dulder und Gegner.

Aber das kennen wir schon. Tauben, Elstern, Wölfe und Asylanten können ein Lied davon singen. Doch eins haben sie alle gemeinsam: Sie bleiben.

Peñíscola

Wir schreiben den 4. Februar. Gegenüber unserem Stellplatz steht eine Baumgruppe, in der es mächtig lärmt. Tausende kleiner Vögel zwitschern laut durcheinander, fliegen auf und bilden einen riesigen Schwarm, eine dunkle Wolke, die immer wieder ihre Form ändert, hin und her wabert, aufsteigt und absinkt. Dann schrumpft sie wie ein lecker Luftballon, verschwindet völlig. Es ist später Nachmittag, die Vögel reservieren sich ihre Schlafplätze in den Bäumen für die Nacht. Hörbar nicht ohne Streit. Es sind Stare auf dem Rückflug aus ihrem afrikanischen Winterquartier. Am nächsten Morgen herrscht Stille in den Bäumen. Sie sind weitergezogen.

Der Name Peñíscola ist griechischen Ursprungs und bedeutet *pene + iscola*, »fast Insel«. Denn der 64 Meter hohe Felsen der Altstadt ist nur über eine Sandbrücke mit dem Land verbunden, die das Meer in der Antike bei Flut überschwemmte und so die »Insel« vom Land trennte. Die Römer haben den alten Namen eins zu eins übernommen und so ins Spanische »vererbt«.

Der strategische Wert der Felsnase war von großer Bedeutung, denn von hier oben konnte man das Umland und die See meilenweit überblicken und kontrollieren. Wer immer hier zuerst siedelte, die Verteidigung und Beobachtung beanspruchte den Gipfel des Felsens. Darunter durften die Bewohner ihre 500 Häuser platzsparend und eng aneinander geschmiegt in die Höhe bauen, denn Fläche war rar und teuer. Eine dicke Schutzmauer zum Land machte das Ganze zum Bollwerk. Einziger Zugang zur Insel war im Mittelalter ein breites

Tor zwischen zwei dicken Türmen. Im Schlussstein des Gewölbebogens befindet sich ein Wappenrelief mit Halbmond.
Los moros nos salutan.

Hundert Meter weiter gleich innerhalb der Stadtmauer treffen wir auf den *Bufador*, das Blasloch, eine geologische Laune des Felsens. Das Mittelmeer hat im Brandungsbereich eine Höhle so tief in das Gestein gefräst, dass sie landseitig wieder Kontakt zur Außenwelt bekam, nämlich genau hier am Rand der Unterstadt. Jede größere

Welle komprimiert die Luft in der Höhle, so dass sie mit lautstarkem Grunzen durch das Blasloch entweicht. Spöttische Zungen nannten das Phänomen mit Bezug auf Benedikt XIII »Papa Lunas Blasloch«. Bei Sturm wird die Druckluft von einer Wasserfontäne begleitet. Dann vibriert hier nicht nur die Luft, sondern es erzittern auch die anliegenden Häuser.

Wir bummeln durch die engen Gassen, stehen vor Läden für die Touristen mit ihrem zu teuren ostasiatischen Tand, einem Geschäft mit lokal hergestellter geschmackvoller Keramik, anheimelnden Restaurants, kleinen Bars, einem derzeit geschlossenen Museum, pausieren vor dem *Faro de Peñíscola*, dem Leuchtturm, und haben wieder und wieder atemberaubende Ausblicke von steil abfallenden  Felskanten über das Mittelmeer mit seinen unzählbaren Schattierungen von Blau. An der *Calle Olvido*, der Straße des Vergessens gerade unterhalb der Burgkirche, ist die Stadtmauer drei Meter dick, und ihre Krone ist breit genug für die Tische und Stühle des »Bar Muralla«, Bar auf der Mauer. Jeder Quadratmeter wird ausgenützt.

Die Zitadelle auf dem Felsen erhielt ihr heutiges Aussehen in der Zeit zwischen Romanik und Gotik durch die Ritter des Templer-Ordens. Im Jahr 1307 wurde sie auf den Resten maurischer Fundamente gebaut. Entsprechend dem Stil jener Zeit ist die Burg karg und schmucklos, in Teilen eher düster. Dessen ungeachtet ist sie nach der Alhambra in Granada eine der am häufigsten besuchten Sehenswürdigkeiten Spaniens. Dazu  haben wohl zwei Ereignisse beigetragen: das große abendländische Schisma und der Film *El Cid*.

Der kastilische Ritter *Rodrigo Díaz de Vivar* lebte zwischen 1043 und 1099, zuzeiten der Reconquista, an der er als Söldnerführer und Kämpfer teilnahm. Aus dieser Zeit stammt auch sein Beiname *El Cid*, was im Arabischen so viel bedeutet wie *Der Herr*. 1961 wurde unter diesem Titel vom amerikanischen Regisseur Anthony Mann der bekannte Historienfilm fertiggestellt. Vor dem Hintergrund der Zitadelle wurden am Strand die Szenen der Entscheidungsschlacht der christlichen Reiter gegen die muslimischen Almoraviden gedreht. El Cid gilt bis heute als Nationalheld Spaniens. Er und sein Araberhengst Babieca. In den Hauptrollen spielten Charlton Heston und Sophia Loren.

»Papa Luna«

Man sollte erwarten, dass das Kardinalskollegium einen Querschnitt der Weltkirche repräsentiert, so dass ein gewählter Papst für alle Gläubigen da ist, neutral und unabhängig. Dann ist unwichtig, ob er Pole, Deutscher, Italiener oder Argentinier ist. Im Mittelalter war das anders. Die Welt bestand aus Europa und der *terra inkognita*. Die geistlichen und weltlichen Eliten stritten sich heftig um das Primat der Macht. Es war Frankreich gelungen, die Anzahl französischer Kardinäle in Rom an die der italienischen anzugleichen.

Als AD 1304 das Konklave in Perugia tagte, um einen neuen Papst zu wählen, stand die übliche, erforderliche Zweidrittelmehrheit für einen Kandidaten aus ihren Reihen in weiter Ferne. Wiederholt wurde das Konklave aufgelöst und trat wieder zusammen. Endlich einigte man sich auf die Suche nach einem Anwärter von außerhalb. Nach langen 320 Tagen wurde *Bertrand de Got*, der Erzbischof von Bordeaux, zum neuen Papst gewählt.

Aber anstatt zum Amtsantritt nach Rom zu reisen, lud *Bertrand de Got* das Kollegium nach Lyon ein, um sich dort als Papst *Clemens V* auf den Stuhl Petri hieven zu lassen. Das geschah nach 495 Tagen Sedisvakanz im Jahr 1305 in Anwesenheit des französischen Königs. Clemens V stand dem Monarchen nahe und hatte nie die Absicht, sein Amt von Rom aus zu führen, sondern bestimmte im Jahr 1309 Avignon als Papstresidenz. Clemens ernannte weitere Franzosen zu Kardinälen, davon waren fünf nahe Verwandte, und er beförderte weitere sieben Verwandte zu Bischöfen. Spötter seiner Zeit prägten den Ausdruck »Clementinischer Jahrmarkt«. Wer es jedoch wagte, Clemens zu kritisieren, wurde bald von dessen Anhängern bedroht. Besonders die italienischen Kardinäle fürchteten um ihr Leben und verließen bald die Stadt an der Rhone.

Auf Clemens V folgten sechs Franzosen auf dem Stuhl Petri.

Johannes XXII (1316-1334), Jacques Dueze, Bischof von Avignon
Benedikt XII (1334-1342), Jacques Fournier, Zisterzienser
Clemens VI (1342-1352), Pierre de Fecamp, Abt der Benediktiner
Innozenz VI (1352-1362), Etienne Aubert, Rechtsgelehrter, Toulouse
Urban V (1362-1370), Guillaume de Grimoard, Abt von Saint Victor
Gregor XI (1370-1378), Pierre Roger de Beaufort, Jurist

Am päpstlichen Hof in Avignon herrschten Raffgier, Nassauerei, Prunk, französische Vetternwirtschaft, kostspielige Gespielinnen und Mätressen und teure Palastbauprojekte auf der einen Seite, jedoch auch Sittenstrenge, Frömmigkeit, totale Anspruchslosigkeit, Mildtätigkeit, Versuche der Rückkehr nach Rom, Bestrebungen der Wiedervereinigung mit der Orthodoxie Ostroms sowie Appelle an Vernunft und Mäßigung auf der anderen.

Gregor XI war mit 42 Jahren ein relativ junger Papst, hoch gebildet, aber wenig durchsetzungsfähig. Dem Drängen vieler Zeitgenossen und seiner engsten Berater nachgebend kehrte er 1376 Avignon für immer den Rücken und residierte fortan in Rom. Nach 67 Jahren im

Ausland sollte der Nachfolger Petri seine Weltgemeinde wieder vom Tiber aus führen. Doch Rom hatte sich verändert. Dort dominierten jetzt Adelsfehden den Alltag. Rivalisierende politische Fraktionen machten die Ewige Stadt zu einem unsicheren, gefährlichen Pflaster. Gregor litt unter der Feindseligkeit der Eliten, der Kirchenstaat war von französischen Legaten beherrscht, französische Söldner und Marodeure richteten Verwüstungen an.

Gregor erließ strenge Vorschriften zur Bekämpfung der Missstände, die von seinen Kardinälen und deren Schergen brutal ausgenützt wurden. Dadurch sank die Beliebtheit des Papstes beim Volk unter Null. Gregor begann, an der Sinnhaftigkeit seines Abschieds von Avignon zu zweifeln. Es wurde vermutet, dass nur sein Tod 1378 seine Rückkehr an die Rhone verhinderte.

Wieder trat das Konklave zusammen, diesmal achtzehn Kardinäle französischer, vier italienischer und einer spanischer Herkunft. Es stand von Anfang an unter dem Druck der Bevölkerung, endlich wieder einen Italiener zum Papst zu wählen. Man einigte sich nach kurzen Gesprächen auf den Kompromisskandidaten, Bartolomeo Prignano, Erzbischof von Bari, der den Papstnamen *Urban VI* annahm. Die Kurie erwartete, dass Urban weiterhin die Interessen der französischen Krone pflegen und den päpstlichen Amtssitz nach Avignon zurückverlegen würde. Doch der neue Papst weigerte sich standhaft und rügte die Kardinäle öffentlich. Mit der Ernennung von 29 neuen Kardinälen, davon nur drei französische, brach er deren Dominanz im Kollegium. Das hatte Folgen.

Dreizehn Kardinäle verließen kurz darauf Rom, erklärten die Wahl Urbans für nichtig und beriefen mit Unterstützung König *Charles V* von Frankreich ein neues Konklave in Fondi, 120 km von Rom. Man wählte Robert Graf von Genf zum neuen Papst, der sich *Clemens VII* nannte. Da Urban VI nicht auf sein Amt verzichtete, hatte die Kirche zwei geistliche Oberhäupter, Urban VI in Rom und Clemens VII in Avignon. Das »Große Abendländische Schisma« war vollzogen.

Nach dieser Wahl spaltete sich die abendländische Christenheit in Obödienzen auf. Schottland, Frankreich, Kastilien, Aragón, Navarra und das Königreich Neapel erklärten sich zu Anhängern Clemens'. Der Rest blieb bei Rom. Das Heilige Römische Reich und Portugal waren gespalten.

Nach dem Tod Clemens' VII im Jahr 1394 wurde sein päpstlicher Legat *Pedro Martínez de Luna y Gotor* ohne eine Gegenstimme zum Nachfolger gewählt und nahm den Papstnamen *Benedikt XIII* an. Im Volksmund hieß er von jetzt an liebevoll *Papa Luna*, der Mondvater.

Ein Jahr später starb König Charles V von Frankreich. Ihm folgte sein Sohn als Charles VI auf den Thron, und mit ihm änderte sich die Haltung Frankreichs gegenüber der unerfreulichen Situation der Kirche. Charles ersuchte den böhmischen König und römisch-deutschen Kaiser Wenzel um Mitwirkung bei der Beendigung des Schismas. Gleichzeitig forderte ein französisches Nationalkonzil zum ersten Mal den Rücktritt beider Päpste. Als Benedikt XIII sich aber weigerte und vorab weiterführende Vereinbarungen forderte, wurde er 1398 in seinem Palast sieben Monate lang von französischen Truppen belagert. Sein Landesvater König Martin I von Aragón intervenierte, worauf Charles VI die Belagerung zwar aufhob, dafür Benedikt XIII aber unter Ehrenhaft stellte. Er konnte sein Pontifikat nicht mehr vollumfänglich ausüben. Die Maßnahme zeigte Wirkung. Nacheinander fielen Frankreich, Neapel, Kastilien und Navarra von Avignon ab.

1403 gelang Benedikt XIII die Flucht aus seinem Palast, und er zog jahrelang durch Frankreich. Zu einem Treffen mit einem der drei römischen Päpste, die während Benedikts Amtszeit in der Stadt am Tiber amtierten, Bonifatius XIII, Innozenz VII oder Gregor XII, kam es nicht. Die Römer waren entweder zu altersschwach oder Benedikt geistig zu unterlegen, als dass ihre Berater einem Gespräch ohne Risiken für ihren eigenen Status hätten zustimmen wollen. Benedikt stammte zwar aus Aragón, doch die Römer fürchteten sich vor dem Wiederaufleben des französischen Einflusses auf das Pontifikat.

1409 trafen sich Kardinäle beider Seiten in Pisa zu einem Konzil und beschlossen die Absetzung beider Päpste. Zum einzigen Nachfolger wählten sie den Erzbischof von Mailand, künftig Alexander V. Weil aber die beiden existierenden Päpste ihre Absetzung nicht billigten, hatte die westliche Christenheit nun drei Päpste. Alexander starb im Folgejahr und wurde durch Petros Philargis de Candia benachfolgt, Johannes XXIII.

Das Konzil von Konstanz setzte 1415 alle Päpste endgültig zugunsten einer Neuwahl ab. Und wie reagierten die drei Entlassenen darauf? So unterschiedlich wie ihre drei Charaktere.

Johannes XXIII stimmt zuerst zu, floh dann, wurde gefasst und in Heidelberg inhaftiert. Als er seine Absetzungsurkunde in Händen hielt, verzichtete er auf sein Papstamt. Jetzt waren es noch zwei.

Gregor XII hatte Beauftragte aus Rom nach Konstanz entsandt. Diese verhandelten die Abdankung Gregors gegen seine Ernennung zum päpstlichen Legaten auf Lebenszeit. Jetzt war es noch einer zu viel.

Benedikt XIII war weder zum Konzil erschienen, noch hatte er einen Gesandten geschickt, und unter den Teilnehmern hatte er nur noch wenige Anhänger. So nahm das Unvermeidliche schließlich seinen Lauf. Das Konzil erklärte sein Papsttum kurzerhand für ungültig und ihn ab 1417 für abgesetzt. Der für seine hohe Intelligenz bekannte Mann ignorierte den Beschluss des Konzils allerdings bis zum Ende seines Lebens.

Im November 1417 wählte das Konzil Oddo di Colonna als *Martin V* zum neuen, rechtmäßigen Papst und beendete damit das Schisma.

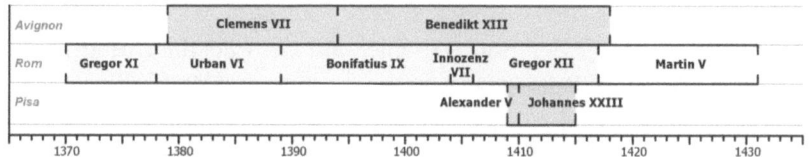

Avignon				Clemens VII			Benedikt XIII				
Rom		Gregor XI		Urban VI		Bonifatius IX	Innozenz VII	Gregor XII		Martin V	
Pisa							Alexander V	Johannes XXIII			

| 1370 | 1380 | 1390 | 1400 | 1410 | 1420 | 1430 |

Allein das Königreich Aragón bekannte sich zu Benedikt XIII anstatt sich dem rechtmäßig gewählten Pontifex in Rom anzuschließen. König Alfons V hatte ihm bereits 1411 die Templer-Zitadelle in Peñíscola als Residenz zur Verfügung gestellt. Benedikt bezeichnete sie in einer seiner späteren Streitschriften als die »Arche Noah der wahren Kirche«. Hier starb er 1423. Er wurde 80 Jahre alt.

Ja, sie verehren ihn hier, »ihren Papst«, ihren »Papa Luna«. Da sitzt er in vollem Ornat auf dem Felsensporn im Mittelmeer, ein grimmiger alter Mann, der sich verbissen an die Beine des Stuhls Petri klammert, auf dem längst ein anderer sitzt. Bitter entschlossen schaut er auf seine Schäfchen hinab. Aber die sind ohne Schuld. Die falschen Kardinäle haben ihn gewählt. Es muss ihn sehr frustriert haben, den wohnlichen Papstpalast in Avignon gegen dieses düstere, zugige, feuchte und

beinahe fensterlose Gemäuer einer maurischen Burg an der Küste tauschen zu müssen. Immerhin hat er seine gewichtige Tiara mitgebracht, die er beim Modell-sitzen tapfer getragen haben muss...

Nach der schwierigen Beendigung des Großen Abendländischen Schismas fällt Peñíscola auf den Stand eines unbedeutenden Provinzstädtchens zurück, in dessen Umgebung Orangen, Oliven, Artischocken, Mandarinen, Zitronen und Mandeln angebaut werden. Erst im 20.Jh. beginnt die neue

Blüte als »historisches« Reiseziel für Touristen wie uns. Längst wohnt die Mehrheit der 8000 Spanier auf dem Festland und nicht auf dem beengten Felsensporn. Längst säumen Hotels die langen Strände nördlich und südlich der Burg. Seit dem Jahr 2013 gehört der Ort mit seinen 500 Häusern auf der hohen Felsnase an der *costa del azahar*, der »Orangenblütenküste« zur erlauchten Gruppe der *Pueblos más bonitos de España*, der schönsten Dörfer Spaniens.

Barcelona

In El Masnou belegen wir unseren Stellplatz 15 km im Norden von Barcelona, vom Mittelmeer durch eine stark befahrene Straße und die S-Bahn getrennt. Die Anlage bräuchte mal einen Eimer Farbe,  ein paar neue Toilettentüren und Wasserhähne. Der Bahnhof liegt 600 m entfernt, kein Ding. Dort gibt es Touristen-Tickets für 10,00 €, die drei Monate im gesamten S-Bahnnetz gültig sind. Die amortisieren sich für uns in zwei Tagen. Neben dem Bahnhof stechen hunderte Masten kerzengerade in die Luft, der Bootshafen.

Wir fahren acht Stationen bis zur *Plaza de Cataluña* und schnappen erstmal nach Luft. Nach dem beschaulichen Peñíscola empfangen uns Trubel und Geräuschkulisse einer Millionenmetropole. Zuerst einmal orientieren. Wo beginnt *La Rambla*?

La Rambla ist dem Arabischen entlehnt und bedeutet »Trockenes Flussbett«, das nur zur Schneeschmelze in den Bergen Wasser führt. Alte Dokumente besagen, dass es im Mittelalter als Abwasserkanal benutzt wurde, als die Stadt noch sehr klein war. Als sie sich dann ausbreitete, wurde der Kanal zugeschüttet. Ende des 13. Jh. verlief hier die südliche Stadtmauer, die 400 Jahre stehen sollte. Zu beiden Seiten der Mauer siedelten sich zahlreiche Klöster an.

Zwischen 1704 und 1829 wurde die Mauer schrittweise abgerissen. Während der Unruhen 1835 wurden die Klöster besetzt, ausgeraubt und abgebrannt. Was übrig blieb, wurde während der anschließenden *desamortisación* aufgelöst, d.h. in Staatseigentum überführt und an Private versteigert. Auf den freien Flächen entstanden Gebäude, die zum Teil bis heute überdauerten wie der *Mercado de la Boquería*. 1703 wurden die ersten Bäume gepflanzt, damals noch Espen und Pappeln, die ab 1860 durch Platanen auswechselt wurden. An beiden Seiten fließt der Bus-und Autoverkehr. Und schon hatte der Begriff *Rambla* eine völlig neue Bedeutung, nämlich die einer geräumigen Promenade zum Flanieren, zur Zerstreuung, dem Treffen von Freunden und Bekannten oder, soweit möglich, einen *café solo* zum *Gran Duque de Alba* zu schlürfen.

1965 saß ich mit meiner Begleitung in einem Rattan-bestuhlten Café und bestellte genau diese Kombination für uns beide. Der Kellner verschwand. Für jeden Gang musste er die Straße überqueren. Als er zurückkam, servierte er <u>zwei</u> Tassen Kaffee und <u>einen</u> Schwenker Weinbrand. Meiner Frage wich er aus. Erst beim Nachfassen bekam ich die knappe Antwort: »In der Öffentlich servieren wir Damen keine alkoholischen Getränke.« Das Spanien Francos ließ grüßen.

Wir schlendern die 1,2 Kilometer in Richtung Alter Hafen durch die verschiedenen Abschnitte, jeder mit seiner ganz eigenen Prägung und eigenem Namen. *Rambla de Canaletes, de las Estudias, de San José, dels Caputxins* und *de Santa Mónica.* Sie sind jeweils den Cafés, den Blumenverkäufern, den Musikanten oder den Straßenkünstlern vorbehalten. Früher gab es noch einen Abschnitt der Verkäufer von Tieren. Wir passieren die Flamenco-Schule, in der wir vor über 15 Jahren eine Vorführung sahen. An der *Plaza del Teatro*  steht das Denkmal des *Frederic Soler*, der im 19. Jh. unter dem Pseudonym *Serafí Pitarra* katalanische Literatur und Dramen schrieb. In seinem »richtigen« Leben war er Uhrmacher. Als er *Judas de Keriot* schrieb, ein dramatisches Gedicht, geriet er mit der Kirche aneinander und landete 1890 auf dem Index.

Die Rambla ist an der Kolumbus-Säule zu Ende. Im Alten Hafen direkt gegenüber besichtigten wir damals einen Nachbau der Santa Maria, Kolumbus' Flaggschiff, doch das brannte irgendwann aus. Auf dem Rückweg zur Plaza de Cataluña haben wir im Abschnitt San José noch ein besonderes Ziel im Auge: die Markthallen *La Boquería*, Nahrungsbeschaffung der *barceloneses* und Fressmeile für Touris wie uns. Hier hatte bis zu seinem Abriss im Jahr 1835 der *Konvent de San José* gestanden. Jetzt stehen hier fast 3000 Quadratmeter Halle aus Stahl und Glas. Man bekommt alles, was der Magen begehrt und was die Augen zum Überlaufen bringt, von Fisch bis Schokolade, von Gemüse bis *Jamón Ibérico*.

Das Beste:
Mitten im Gewühl, auf Tuchfühlung mit den Menschen und ihren Einkaufstüten sitzen wir auf Barhockern und probieren die unterschiedlichen Tapas, *pimientos a la plancha, almejas, albóndigas, vieiras* (Jakobsmuscheln), *patatas bravas* und *mejillones*.

In den Auslagen der *carnicerías*, der Metzgereien, hängen ganze Vermögen an *Jamón de Pata Negra*, Schinken vom Schwein mit den schwarzen Pfoten, sauber aneinander gereiht. Oben ist das Etikett mit den Herkunftsdaten festgetuckert, unten hängt ein Schälchen zum Auffangen der Fetttröpfchen. Je nach Schweinerasse, Art der Haltung und Dauer der Reife schwanken die Preise erheblich. Für 80g per Hand geschnittenen Jamón haben wir Preise bis 22,00 € gesehen, 275,00 € pro Kilogramm(!)

Montserrat

Im Dreieck zwischen der *Plaza de Tetuán*, dem *Arc de Triomf* und dem Olympischen Dorf liegt die *Estación Norte*, der Nordbahnhof, seinerzeit von der Bahngesellschaft Zaragoza-Barcelona erbaut. Einweihung war 1861, und 1912 wurde die imposante Fassade aus Stahl und Glas im Stil des Art Nouveau vorgesetzt, den sie hier »Modernisme« nennen. Heute liegen hier keine Gleise mehr, das Gebäude wird als Busbahnhof genutzt.

Und wer kabbelt sich auf dem Vorplatz im Schatten der Platanen mit den Tauben lautstark und erfolgreich um ein paar heruntergefallene Krumen aus der Croissant-Tüte eines Passanten? Genau. Es sind die Artgenossen unserer Bekannten aus Valencia, grüne Mönchssittiche (*myiopsitta monachus*) mit den blauschwarzen Handschwingen. Ihr Stimmrepertoire reicht von Knattern bis Kreischen, von Plappern bis Pfeifen. Ihr Futterneid ist notorisch, trotzdem sind sie sehr gesellig.

Auf dem Weg hierher entdeckten wir durch die Häuserschluchten die Gaudí-Kirche *Sagrada Familia*, die wir dieses Mal auslassen, und die alte *Plaza de Toros »La Monumental«*, die 1914 eröffnet wurde und keine mehr ist. Auch ihr Baustil ist Modernisme, jedoch mit klaren Einsprengseln von Mudéjar-Elementen. Das tragende Mauerwerk besteht aus roten Ziegeln, während Füllungen mit Mustern aus weißen und blauen Fliesen belegt wurden.

Die letzte *corrida de toros* fand hier im Jahr 2011 statt. Zugleich war sie die letzte Arena Kataloniens, in der noch einmal ein Stierkampf stattfand. Nach einem Plebiszit wurden die Stierkämpfe durch das katalanische Parlament in Katalonien untersagt. Seitdem wird das

Gebäude, das 20 000 Besucher fasst, für Konzerte und Zirkusvorstellungen genutzt. Doch schon lange vor diesem Verbot fanden hier musikalische Auftritte statt, wie die der Beatles (1965), der Rolling Stones (1976), von Bob Marley (1980), von Tina Turner (1990), Dire Straits (1992) und Bruce Springsteen (1992).

Unser Reisebus hat die *Estación Norte*. Der Fahrer lenkt sein nagelneues Dienstfahrzeug souverän durch den dichten City-Verkehr. Es riecht nach Leder und Kunststoff. Am Stadtrand werden die Straßen stetig enger und kurvenreicher, vor dem Ziel winden wir uns durch Serpentinen auf 720 Meter Meereshöhe. Für das letzte Wegstück steigen wir in die aus dem Jahr 1892 stammende, 2003 modernisierte Zahnradbahn. Wir sind gut 60 km ins Landesinnere gefahren in das Montserrat-Gebirge, in die Sägezahnberge, die bis zu 1200 Meter in den blanken Himmel ragen. Unser heutiges Ziel ist das Kloster *Santa Maria de Montserrat*. Der Reiseführer, der abwechselnd in Spanisch und Englisch vorträgt, kann seinen Stolz auf das katalanische Kulturzentrum kaum verbergen. Völlig ohne Manuskript! Tolle Leistung, Respekt!

Die Gesamtanlage ist wahrlich beeindruckend. Allein die Lage der

Gebäude vor der grandiosen Kulisse der bizarr verwitterten Sandsteinformationen macht einem klar, wie klein der Mensch ist.

Das Hauptelement der Ausstattung des Klosters und Gegenstand der Verehrung ist die »Schwarze Madonna« oder kurz *La Moreneta* in der Apsis der Kirche, eine romanische Statuette der Gottesmutter mit dem Knaben auf dem Schoß. Als Symbol ihrer Würde halten sie beide einen Reichsapfel in der

Hand. Sie ist aus Holz gefertigt, und das verfärbte sich im Lauf der Jahrhunderte dunkelbraun, daher der Name. Die Klosterkirche ist imposante 30 Meter breit und durch einen achteckigen Aufbau über der Vierung beleuchtet.

Zum Kloster gehört eine Bibliothek mit 200 000 Handschriften und Drucken und einem Museum mit Gemälden von El Greco, Tiepolo, Caravaggio, Claude Monet, Edgar Degas, Picasso, Salvatore Dali und Ramon Casas i Carbó. Täglich singt der Knabenchor das Marienlied. Er ist seit 1307 beurkundet und einer der ältesten Europas.

Ignatius von Loyola legte hier im Jahr 1522 seine Offizierswürde ab. Später legte er hier die Kutte an, um sich ganz Gott zu weihen und gründete die Societas Jesu (SJ), den Jesuitenorden.

Auf seiner zweiten Reise benannte Kolumbus 1493 eine Insel der Kleinen Antillen südwestlich von Antigua nach dem Kloster, heute ist sie Teil der Überseegebiete des Vereinigten Königreiches. Ihre Bewohner sind größtenteils irischer Abstammung.

Montserrat wurde zwischen 1025 und 1035 gegründet. Fünfzig Jahre später geriet es in die Abhängigkeit des Klosters *Ripoll*, etwa 100 km durch Wald und Gebirge entfernt. Ende des 12. Jh. wurde die Anzahl der Mönche auf zwölf begrenzt, die Mindestkopfzahl für eine Abtei. Ab 1409 wurde die Eigenständigkeit Montserrats zwar auf päpstliche Anordnung zwar wieder hergestellt, jedoch nach der Vereinigung Kastiliens mit Aragón durch die Heirat Isabels und Ferdinands 1469 sandte der junge König Mönche aus Valladolid hierher, so dass das Kloster schon wieder fremdbestimmt war. In den

Jahren 1809 und 1811 zerstörten Napoleonische Truppen das Kloster. Was übrig geblieben war, fiel im Jahr 1835 der *desamortisación* der spanischen Klöster zum Opfer. Doch schon 1844 füllten sich die alten Mauern wieder mit klösterlichem Leben. Es wurde kräftig renoviert, und im Jahr 1881 erhob Papst Leo XIII die Klosterkirche zur *Basilica minor*.

Für die Katalanen ist Montserrat die Herzkammer ihrer Kultur und des katalanischen Nationalismus. Kirchliche Sonderrechte erlaubten, die Messen in Montserrat währen der Diktatur des *Generalísimo Franco* weiterhin in der allseits verbotenen katalanischen Sprache zu feiern. Darüberhinaus gewährte die Abtei während der beiden letzten Jahrzehnte der Diktatur des Caudillo oppositionellen Gruppen eine heimliche Heimstätte. Fünf Jahre vor Francos Tod trafen sich hier mehrere hundert Intellektuelle zur Erarbeitung eines Manifests, in dem sie die Freilassung verurteilter und inhaftierter Widersacher des Regimes sowie demokratische Rechte für die verschiedenen Nationalitäten des spanischen Staates forderten. (damals war vom unabhängigen Katalonien nicht die Rede.)

Der Graf von Barcelona
oder
Franco und die Thronfolge

Rechnet man den Vatikan hinzu, haben zwölf europäische Länder die Staatsform einer Monarchie: Andorra, Belgien, Dänemark, Liechtenstein, Luxemburg, Monaco, Niederlande, Norwegen, Schweden, Spanien, Vatikan und Vereinigtes Königreich. Man staunt. Sieben der zwölf gesalbten Häupter tragen die Krone eines Königs, so auch das Haupt Spaniens. Die anderen sind weltliche Fürsten und ein kirchlicher Fürst. Die Geschichte der Monarchie reicht bis weit ins Mittelalter zurück. Zu jener Zeit waren die Regenten noch Regenten, heute sind sie nur noch Repräsentanten. Die wirkliche Macht liegt nicht mehr in ihren Händen.

Die Wurzeln der spanischen Monarchie liegen im Königreich der Westgoten, und sie verästeln sich auf die Nachfolgereiche Asturien (später Kastilien und León), Navarra und Aragón. Die Dynastie der *Jiménez* erscheint auf der politischen Bühne, deren Mitglieder den historischen, westgotischen Titel *Imperator totius Hispaniae* für sich fordern. Kurz taucht das Haus *Burgund* auf, gefolgt von der Dynastie der *Trastámara*, der sowohl Isabel von Kastilien als auch Ferdinand von Aragón entstammen. Durch die Heirat deren Tochter Johanna von Kastilien (*Juana la Loca*, Johanna die Wahnsinnige) mit Philipp I (dem Schönen) im Jahr 1496 geht die Krone an das Haus Habsburg. (»*Bella gerant alii, tu felix Austria nube.*« *Kriege führen mögen andere, du, glückliches Österreich, heirate.*) Mit diesem klugen Spruch wurde seinerzeit simplifizierend die österreichische Heiratspolitik beschrieben. Der Tod Karls II (des letzten Habsburger Königs auf dem spanischen Thron) 1700 löst den Spanischen Erbfolgekrieg aus (1701-1714). In den Friedensverträgen von Utrecht und Rastatt wurde vereinbart, dass der spanische Thron fortan durch das Haus Bourbon (span. *Borbón*) besetzt werde. Das gilt im Prinzip bis heute.

Mit drei Unterbrechungen.

1) 1808 wurde der amtierende König Ferdinand VII von Napoleon Bonaparte zur Abdankung gezwungen und durch seinen Bruder Joseph Bonaparte ersetzt. Nach der Vertreibung der Franzosen erhielt Ferdinand im Jahr 1813 die Krone zurück.
2) 1873, nach Abdankung König Amadeus' I, wurde die Erste Spanische Republik ausgerufen. Alfons XII brachte mit Hilfe der Armee die Regierung nach 23 Monaten zum Zusammenbruch und stellte die Monarchie wieder her.
3) 1931 wurde die Zweite Spanische Republik proklamiert, die nach Ende des Bürgerkrieges im April 1939 nahtlos in die Diktatur Francos überging.

Der Graf von Barcelona, Don Juan de Borbón, mit vollem Namen *Juan Carlos Teresa Silverio Alfonso de Borbón y Battenberg*, wurde 1913 als fünftes Kind des spanischen Königs *Alfonso XIII* und seiner Gemahlin *Victoria Eugénie von Battenberg* geboren. Als 1931 die Zweite Spanische Republik ausgerufen wurde, ging die Familie ins Exil nach Rom. 1941 starb der Vater, Juans Bruder Alfonso heiratete bürgerlich und verzichtete auf seinen Thronanspruch. Der noch verbleibende männliche Erbe, sein Bruder Jaime, war gehörlos und kam für die Thronfolge nicht in Frage. Don Juan de Borbón war nun das neue Oberhaupt des spanischen Königshauses.

Während des Bürgerkrieges hatte Francisco Franco der Restauration der Monarchie eine klare Absage erteilt. Dessen ungeachtet äußerte Don Juan de Borbón wiederholt seinen legitimen Anspruch auf die Regentschaft. Aus Lausanne (1945) und später aus seinem neuen Exil in Estoril in Portugal (1947) verbreitete er Forderungen zur Wiedereinsetzung der Monarchie in Spanien.

Wir kennen die Gründe für Francos Sinneswandel nicht, als er 1947 Spanien nun doch zur Monarchie erklärte, sich selbst aber bis auf weiteres das Amt des Staatsoberhauptes sicherte. Rein theoretisch

war damit der Weg zur Restauration der Monarchie geebnet und die Einsetzung eines Königs vorgegeben, jedoch weigerte sich Franco beharrlich, Juan de Borbón zu designieren. Die Männer waren sich in tiefer Abneigung verbunden. 1948 trafen sie eine Vereinbarung, nach der Juans ältester Sohn Juan Carlos in Spanien erzogen und auf die Aufgaben eines Einsatzes als König vorbereitet werden sollte. Als aber bekannt wurde, dass Juan Carlos bereits vorher zugestimmt hatte, kam es zu einer jahrelangen Eiszeit zwischen Vater und Sohn.

Nach Francos Tod 1975 wurde Juan Carlos zum König proklamiert, jedoch erst zwei Jahre später verzichtete

Don Juan de Borbón formell zu Gunsten seines Sohnes auf den Thronanspruch. König Juan Carlos I überließ seinem Vater nach dessen Wunsch den Titel Graf von Barcelona, der seit dem 16. Jh. traditionsgemäß dem König von Spanien zusteht.

Juan de Borbón erlag 1993 in Pamplona einem Krebsleiden. Seine sterbliche Hülle befindet sich wie die seiner verstorbenen Gattin in der Verwesungskammer des *El Estorial* bei Madrid. Erst nach der abgeschlossenen Verwesung werden ihre Gebeine in speziell dafür vorgesehenen Sarkophagen im Pantheon der Könige des Klosters ihre letzte Ruhe finden.

El Caudillo, der kleinwüchsige Francisco Franco, hat sich selbst, seinem Volk und der Welt gezeigt, dass er der Führer Spaniens war, der Caudillo, der Gesetze machte, und der sogar über der Monarchie und ihren dynastischen Regeln stand.

Und der junge König? Hatte Franco einen willfährigen Nachfolger erwartet, lag er falsch. Juan Carlos war wesentlich an der Transition Spaniens in eine moderne parlamentarische Monarchie beteiligt.

Castellano oder Español?

Unser Französisch reicht kaum über *»Je ne parle pas français«* oder *»pourriez-vouz me donner l'heure?«* hinaus. Dagegen kommen wir auf der Iberischen Halbinsel schon besser zurecht und beschränken uns deshalb auf diese geografische Einheit, die den größten Teil unserer Reise einnimmt. Alle angesprochenen Personen antworten auf Castellano (Kastilisch), auch wenn dies nicht unbedingt ihre Muttersprache ist; Kastilisch überdeckt die anderen Sprachen.

Die wichtigsten vier Idiome sind in der Reihenfolge von Westen nach Osten Galicisch/Portugiesisch, Kastilisch, Baskisch und Katalanisch. Hinzu kommen Sprachminderheiten wie Asturleonisch, Aranesisch, Aragonesisch und Valencianisch.

In den Autonomen Gemeinschaften, die neben dem Kastilischen eine weitere Amtssprache vorgesehen haben, ist der Bilinguismus nicht nur Alltag, sondern gesetzlich geregelt. Hierzu gibt es sogar ein Grundsatzurteil des spanischen Verfassungsgerichts.

Jeder Bürger kann sich im Verkehr mit jeder öffentlichen Institution der Kastilischen Sprache bedienen und hat ein Recht darauf, dass ihm in dieser Sprache geantwortet wird.

Im Umkehrschluss ist es regionalen Behörden verwehrt, Kastilisch abzulehnen, so wie es den nationalen Behörden in den Autonomen Gemeinschaften verboten ist, die jeweils gebräuchliche regionale Sprache abzulehnen.

Amtssprachen neben Kastilisch sind:

auf den Balearen	Katalanisch *(catalá)*
im Baskenland	Baskisch *(euskara)*
in Galicien	Galicisch *(gallego)*
in Katalonien	Katalanisch
in Navarra	Baskisch (nur in den baskischsprachigen Teilen)
in Valencia	Valencianisch (eine Varietät des Katalanischen)

Zwei schützenswerte und förderungswürdige regionale Sprachen sind zu erwähnen, die <u>nicht</u> den Status einer Amtssprache haben:

in Galicien	Astuleonesisch
in Katalonien	Aragonesisch

Um die Frage in der Überschrift zu beantworten, Español meint alles Spanische. Geht es um Sprache, einen Begriff oder eine Definition, ist Castellano präziser und eindeutiger.

Spanien hat 48 Millionen Einwohner, die alle Kastilisch sprechen. Dazu kommen noch mehr als 400 Millionen Menschen weltweit, die Kastilisch als Muttersprache sprechen. Damit ist sie das viert meist gesprochene Idiom der Welt nach Englisch, Mandarin und Hindi.

Portugiesisch wird von 10 Millionen Einwohnern und weiteren 240 Millionen Menschen außerhalb des Landes gesprochen. Damit ist es weltweit die fünft meist gesprochene Sprache. In acht unabhängigen Staaten ist Portugiesisch Amtssprache, Kastilisch bringt es sogar auf dreizehn.

Auch wenn beide Sprachen eine gemeinsame romanische Wurzel haben, also eng verwandt sind, ähnliche Schreibweisen aufweisen und Spanier und Portugiesen jeweils andere Texte mit etwas Mühe zu einem gewissen Grad verstehen, sollte man sich nicht über einige generelle Unterschiede hinwegtäuschen lassen. Viele Begriffe haben andere Inhalte. Der arabische Einfluss ist im Spanischen mit 1200 arabischen Lehnworten größer als im Portugiesischen, diese haben dort keltische oder lateinische Entsprechungen.

Der wesentliche Unterschied liegt jedoch in der Aussprache. Wobei es Portugiesen leichter fällt, Spanier zu verstehen als umgekehrt.

Bollène

Wir fahren die *Autopista del Mediterráneo*, AP-7, nordwärts in Richtung Frankreich. Mit zwei Unterbrechungen kommt diese Fernstraße fast von Gibraltar und hat eine Gesamtlänge von 1000 Kilometern. Bis auf wenige Ausnahmen ist sie mautpflichtig. Am Grenzübergang La Jonquera ändert sie ihren Namen in A9. Die erste Raststätte  heißt Village Catalán. Ich erinnere mich, die existierte bereits vor über 50 Jahren, und ihr Name erinnert uns daran, dass auch hier Katalanen ihre Heimat haben, das Roussillon als katalanisches Frankreich. Sie pflegen Sprache und Traditionen in gemeinsamen Festen mit ihren spanischen *compadres*. Und sie führen die gleiche

Flagge mit den vier blutroten Streifen auf gelbem Grund. Bei ein paar katalanischen Leckereien planen wir den nächsten Stopp.

Doch dann schlägt der Wettergott zu. Nicht schlimm, aber gerade so unangenehm, dass man sich im Cockpit des Wohnmobils wohl fühlt. Bei Perpignan, Béziers, Montpellier erhaschen wir noch ein paar Blicke auf das Mittelmeer, aber ab Nîmes wabert der Spray des Dauerregens über der Fahrbahn. Bevor wir in die Talmulde der Rhone hinab fahren, wird auf der anderen Seite des Flusses der Papstpalast von Avignon kurz sichtbar. Pläne sind nun einmal dazu da, über den Haufen geworfen zu werden. Wir verbringen die Nacht nicht in der ehemaligen Residenzstadt der Gegenpäpste, sondern in Bollène am *Canal de Donzère-Mondragon*, einem etwa 30 km langen Seitenkanal der Rhone mit Schleusen und Wasserkraftwerk.

Im kleinen Gewerbegebiet des 13 000-EW-Städtchens befindet sich der Supermarkt von E. Leclerc, der auf seinem Parkplatzgelände gebührenfrei Stellplätze für Wohnmobil anbietet. Super praktisch. Hier kann man einkaufen, und ein Restaurant gibt es auch. Unsere Tagesausgaben sind Ihnen für heute sicher, Monsieur Leclerc. Danke. Am Morgen schauen wir hinaus in eine graue Suppe aus Sprühregen und Nebel. Schnell ist entschieden: wir fahren durch zum Albtrauf.

Rückspiegel

Unser Streifzug durch Südwesteuropa dauerte auf den Tag genau vier Monate bei einer Fahrstrecke von etwas über 7200 Kilometern. Die Tagesdistanz lag im Mittel bei 200 km, aber nie über 350 km, stressfrei ohne strenge Zielvorgabe, ausgenommen die verregnete Reststrecke von Südfrankreich nach Hause. Meist haben wir uns den nächsten Stellplatz in einem bekannten Internet-Portal während einer Kaffeepause ausgesucht.

Hochkarätigen Nervenkitzel gab es in Ardales, einem der Weißen Dörfer Südspaniens mit seinen engen, steilen Gassen beim Anfahren auf regennasser, glitschiger Straße. Die 3,5 Tonnen Womo wollten sich nicht von der Stelle bewegen. Als das durch Utes gefühlvolles Anfahren überwunden war, wartete schon das nächste Problem: Die Straße wurde am Ende schmaler als unser WoMo breit war. Wir mussten zurücksetzen. Ein Bewohner erklärte uns den richtigen Umweg.

Der wahre Kick war aber nicht die horizontal zurückgelegte Strecke, sondern die vertikale Eintauchtiefe in die jeweilige Geschichte der dreißig besuchten Orte. Sie reicht weit zurück bis zum Beginn der Sesshaftigkeit des *homo sapiens,* der »neolithischen Revolution«, wie Historiker das nennen. Die Menschen bezogen Höhlen wie die in *Altamira* und begannen, sie mit Bildern zu schmücken, in denen sie ihr Jagdglück schilderten und die Tierwelt da draußen beschrieben. Der Mensch stellte Objekte her, die andere nicht hatten. Er begann, Tiere zu domestizieren und aus Gräsern körnertragende Getreide zu züchten. Er fertigte mehr als er verbrauchte, tauschte Dinge ein, die er selbst nicht herstellen konnte. Die Arbeitsteilung und der Handel waren erfunden. Später dienten Kaurimuscheln als Zahlungsmittel. Und um sich Warenbestände und abgeschlossene Geschäfte besser merken zu können, erfand der Mensch Zeichen, die er in Ton ritzen konnte. Die erste Schrift diente der kommerziellen Ordnung, der Buchführung.

Sesshaft sein schloss aber künftige Wanderungen nicht a priori aus, etwa wenn sich das Klima existenzbedrohend veränderte. Dieses vollzog sich in Form der ersten Südwanderung der Kelten auf die Iberische Halbinsel, wo sie sich mit den Iberern vermischten. In diese Epoche legen wir den Beginn unseres Zeitstrahls.

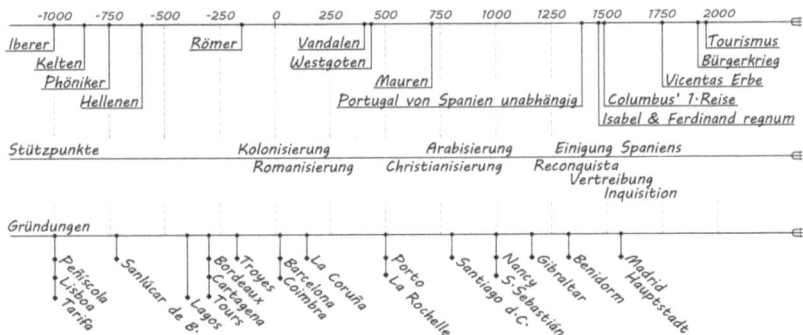

Die semitischen Phöniker entwickelten die küstennahe Seefahrt, um von der Levante aus neue Märkte zu erschließen. Bis an die Gestade des Atlantiks bauten sie Stützpunkte, wie das heutige *Cádiz* oder *Cartagena*. Dabei verbreiteten sie ihre Schrift, die Mutter aller abendländischen, der hebräischen und der arabischen Schriften. Aber sie waren nicht nur Händler und Seefahrer, sondern fähige Handwerker, die aus Kupfer und Zinn Bronze legierten. Dass Zinn von weit her beschafft werden musste, war für sie kein unlösbares Problem. Sie schafften auch das, und wurden wohlhabend.

Aus ländlichen Siedlungen, Bergbaugemeinden und Fischerdörfern entwickelten sich die antiken Städte. Eng und dicht besiedelt, wie wir in *Baelo Claudia* gesehen haben. Platz innerhalb der Stadtmauer war knapp und kostbar. Andererseits boten sie Wasserversorgung, Verkehrswege, Märkte und Läden, Sicherheit, Entsorgung, Arbeit, Einkommen, Zerstreuung und kulturelle Veranstaltungen. Auf der Sollseite des Kontos differenzierte sich die Gesellschaft auseinender in Arm und Reich, Adel und Plebs, Freie und Leibeigene, Regierende und Regierte. Die Grundmauern der Wohnviertel, Theaterruinen und die Säulen ohne Tempeldach auf dem Forum des Ausgrabungsgeländes sind stumme Zeugen.

Wir wurden an das Wirken der arabischen Kultur im europäischen Mittelalter erinnert. Sie brachte uns die Zahl *null* und löste das alte, sperrige römische Rechensystem ab. Astronomie, Nautik, Ackerbau und Bewässerungstechnik erlebten neuen Schwung, die Architektur kam zu hoher Blüte. Das Nebeneinander der drei abrahamitischen Religionen, wenn auch gegen Kopfsteuern für die Nichtmuslime, führte zum freien Austausch von Wissen, dem Studium der alten Philosophen, die zu diesem Zweck ins Lateinische, Griechische und Arabische übersetzt wurden und so der Nachwelt erhalten blieben.

1492 war das Jahr einer der größten Tragödien in der iberischen Geschichte. 150 000 Juden und 500 000 Muslime mussten die Halbinsel eiligst verlassen. Viele nahmen nur den Schlüssel ihres Hauses mit in der Hoffnung auf eine Wiederkehr. Noch heute bewahren sephardische Haushalte auf der ganzen Welt solche Schlüssel auf. Für eine lange Zeit konnten die durch die Ausweisung gerissenen Lücken nicht wieder gefüllt werden, weil nun die Fachleute fehlten. Spanien litt nicht nur wirtschaftlich, sondern auch kulturell unter diesem grotesken, selbstquälerischen Aderlass. Und was passierte mit dem Vermögen der Vertriebenen? Siehe oben.

Derzeit wird die Zahl der Nachkommen vertriebener Sepharden weltweit auf mehr als 3,5 Millionen geschätzt. Im Jahr 2014 legt die spanische Regierung einen Gesetzentwurf zur Wiedereinbürgerung von Sepharden vor. Mehr als 130.000 Personen haben in den fünf Jahren bis 2019 die spanische Staatsbürgerschaft beantragt. Im Jahr 2015 folgt Portugal diesem Beispiel, wie viele Menschen Anträge stellten, war nicht in Erfahrung zu bringen. Antragsteller brauchen ihre derzeitige Staatsbürgerschaft nicht aufzugeben, kommen aber trotzdem in den Genuss aller Vorteile eines EU-Passes.

Die Entdeckungen jenseits des Atlantiks markierten den Beginn der europäischen Neuzeit. Nicht »*non plus ultra*«, sondern »*plus ultra*« »alles geht« war die arrogante Devise. Portugal und Spanien bauten sich ihre riesigen Kolonialreiche auf. Wird in Lagos der Handel mit Sklaven wenigstens durch ein kleines Museum erwähnt, schweigt das offizielle Spanien über seinen Anteil an der Verschleppung von 12 Millionen Afrikanern beharrlich. Lediglich die Statue von Antonio López y López, einem Reeder und Sklavenhändler, wird von ihrem Sockel in Barcelona geholt. Sockel und Inschrift stehen bis heute, 1000 Schritte von der Kolumbus-Säule entfernt.

Vor einem halben Jahrhundert schafften beide iberischen Länder ihre Diktaturen ab und gaben sich parlamentarische Staatsformen mit unabhängiger Presse, Gewaltenteilung und freien, geheimen Wahlen. In einer Feierstunde im portugiesischen Parlament drückte Staatspräsident *Rebelo de Sousa* seine Hoffnung so aus:

> »*Möge das Land die Demut und die Intelligenz haben,*
> *die unvollkommene Demokratie immer der Diktatur vorzuziehen.*«

2025 jährt sich Francos Todestag zum fünfzigsten Mal. Noch ist nicht erkennbar, wie die Regierung Sánchez diesen Tag begehen wird, oder was die ewig gestrigen Anhänger der Falange vorhaben. Wir sind schon jetzt schon gespannt, wie die Spanier feiern werden.

Damit sind wir zurück in der Gegenwart und lassen die Geschichte sein was sie ist: vergangen. Die Sesshaftigkeit ist uns Menschen zur Norm geworden. Jeder braucht ein *domicilium citandi et executandi*, wie der Jurist das nennt, eine legale Anschrift. Und dennoch schlummert in uns die unterschwellige Lust, hinaus zu ziehen, den kleinen Heimatglobus zu erkunden. Wir haben Migration im Blut. Tourismus ist gelenkte Migration. Nur wenn unsere Existenz zu Hause gesichert ist, kehren wir wieder in unsere Höhle zurück.

Wir haben das Fahren als Entspannung empfunden und ließen Südwesteuropa an uns vorübergleiten. Wir hielten an und rasteten, wo es uns gefiel. Wir lümmelten auf weißen Sandstränden oder beobachteten respektvoll die schäumende Brandung an felsigen Steilküsten, bummelten durch Fischerbuchten mit ihren alten Leuchttürmen oder ließen den Blick über die Wälder von Container-kränen schweifen. Wir glitten durch empfunden endlose Pinien und Eukalyptuswälder, durch Orangenplantagen und vorbei an Oliven-hainen. Schneebedeckte Dreieinhalbtausender der Sierra Nevada begleiteten uns viele Kilometer wie auch ausgetrocknete Halbwüste. Wir kamen an Höhlenwohnungen und Wohnsilos vorbei, fuhren durch bäuerliche Weiler und quirlige Millionenstädte.

Utes Begegnung mit dem Gesundheitswesen war eine Erfahrung der besonderen Art. In der Notaufnahme in Albufeira waren nur die Behandlungszimmer beheizt, die Wartenden saßen im Kalten. Dafür sprachen die Ärzte durch die Bank Englisch. Beim Pflegepersonal wurde es schwieriger, bei gutem Willen von beiden Seiten half ein langsam gesprochenes Spanisch. Das Bemühen um den Patienten war hingegen vorbildlich. Dafür Chapeau!

Der Erhaltungszustand der Krankenstation in Faro enttäuschte uns. Das Mobiliar war verschlissen, die Betten klapperig, die Zimmer überbelegt, und die Wände sehnten sich nach einem Eimer Farbe. Dann die sanitären Einrichtungen, das Gewusel und Geschnatter im 7-Bett-Zimmer, welches eigentlich ein 6-Bett-Zimmer war! Auf der positiven Seite standen nach unserem Eindruck die Freundlichkeit der Menschen, die Professionalität der Ärzte, die medizinische Ein-richtung und die Anwendung der minimal-invasiven Laparoskopie. Nach 48 Stunden wurde Ute wieder entlassen. *Last but not least* hat sie nicht einen *cruzeiro* bezahlt, sie hat nur ihre Gesundheitskarte hingehalten. Eine sehr angenehme europäische Errungenschaft.

Was uns beeindruckte, war die starke Empathie der Portugiesen untereinander. Im Warteraum 10 unserer besagten Klinik saß ein mutmaßlich Obdachloser, dem man seinen Status nicht nur deutlich ansah, sondern auch roch. Die Stunden rieselten dahin, der Raum füllte sich, aber die Stühle neben ihm blieben frei. Irgendwann stand eine Frau auf und bot ihm eine Flasche Mineralwasser an, die er dankend annahm. Eine andere packte ihre Stullen aus und reichte ihm eine. Nachahmenswert. Ziemlich unauffällig saß im selben Raum eine ältere Frau im Morgenmantel ein paar Stühle weiter. In ihrer Tasche klingelte ihr Handy, doch bevor sie es herauskramen konnte, schwieg es wieder. Beim dritten Klingeln half ihr jemand, nahm das Gespräch an und hielt ihr den Knochen ans Ohr. Es war zwecklos, sie war hochgradig verwirrt. Später wurde sie offenbar von einer Verwandten liebevoll hinausgeführt

Nachbereitung

Das Anlassen des Dieselmotors zu Beginn unseres viermonatigen Ausfluges war ein emotionaler Moment, das Abstellen an dessen Ende war es nicht minder. Ein Auge weinte, weil die Reise vorüber war, das andere lachte vor Freude, nun wieder bei Freunden und Familie zu sein, in unserer gewohnten und geräumigen Umgebung. Das Gefühl verstärkte sich noch, als wir vor dem handgemalten »Willkommen Zuhause« an der Eingangstür standen.

Das Umschalten vom Modus »Globetrotter« auf »Alltagsmensch« war sowohl geprägt durch Routinen wie Auspacken, Entsorgung, Grundreinigung, kleinere Reparaturen und Wartung am Fahrzeug, Zuhause-den-Kühlschrank-wieder-Auffüllen als auch das akkurate Nachbuchen aufgeschobener Termine. Doch allerspätestens beim Sortieren der Fotos und der gesammelten Informationen meldeten sich die aufgestauten Reiseeindrücke zurück. Sie warteten geduldig im »Zwischenspeicher« auf ihre Nachbereitung. Denn nicht alle Fragen konnten unterwegs beantwortet werden. Das forderte zur Recherche heraus und führte letztendlich auch dazu, die Ergebnisse aufzuschreiben.

Nicht immer verlaufen Reisen völlig komplikationslos, und je länger sie dauern, desto höher ist die Wahrscheinlichkeit eines kleineren oder größeren Zwischenfalls. (Es muss nicht der Blinddarm sein.)
In Santiago de Compostela lernten wir Bernd aus Ötlingen kennen, der bis nach Marokko fahren und erst an Ostern wieder daheim sein wollte. Per WhatsApp hielten wir mit ihm Kontakt, informierten uns gegenseitig über Erfahrungen und die Qualität von Campingplätzen. In Lagos trafen wir ihn schließlich wieder. Drei Wochen später brach er seine Tour wegen Knieproblemen ab und fuhr nach Hause zur Behandlung. Unser nächstes Treffen war kürzlich in Aichelberg.
Eine Französin aus dem Elsass war mit ihrem Mann unterwegs. Wir begegneten ihnen in der Notaufnahme in Albufeira. Sie hatten sich soeben für den Abbruch ihrer Reise entschieden, weil sie ungünstig gefallen war und sich verletzt hatte.
In der Uni-Klinik Faro trafen wir Herbert, der auch auf unserem Campingplatz in Albufeira wohnte. Seine Frau Brigitte war mit dem E-Bike gestürzt und hatte sich (ohne Helm) eine üble Kopfverletzung zugezogen. Sie wurde zur selben Zeit wie Ute behandelt. Während dessen traf ich Herbert regelmäßig beim Geschirrspülen zu einem Schwätzchen. Dann trennten sich unsere Wege wieder.
Fazit: Passieren kann immer etwas. Der Teufel ist ein Eichhörnchen.

Unser Reisetermin entsprang auch dem Wunsch, im sonnigen Süden zu überwintern, Kälte, Nebel, Schnee, Glatteis und geschlossene graue Wolkendecke zu meiden, kurz: der winterlichen Tristesse zu entrinnen. So machen es viele, der Süden der Iberischen Halbinsel ist voll von ihnen, auf Rang eins und zwei stehen Briten und Deutsche, danach kommen die Franzosen.

Ist das überhaupt eine gute Idee? Lohnt sich das? Macht das Sinn? Drei Fragen, auf die es keine kurze, knackige Ja/Nein-Antwort gibt. Versuchen wir es mit Teilantworten.

Auch im Süden sind die Tage um die Wintersonnenwende kurz, wenngleich weniger kurz als auf unserer Breite von 50°N gegenüber

Tarifa von 36°N. In Deutschland beträgt die Tageslänge gut acht Stunden, in Südspanien neuneinhalb. Hier wie dort ist es nützlich, die langen dunklen Abende mit anregender Beschäftigung zu füllen. Manch ältere Dame saß strickend vor ihrem WoMo. *Suum cuique.* Jedem das Seine. Wer durstig, kontaktfreudig und liquide ist, trifft sich gern mit Gleichgesinnten abends an der Bar, wenn die in der Nachsaison denn geöffnet ist.

Kaltfronten mit »Luftmassen polaren Ursprungs« schaffen es schon mal bis hinunter an die *costa de la luz*, die Küste des Lichts. Wenn die Sonne hinter dem Horizont verschwindet, wird es sehr schnell sehr kühl. Überwinterer erkennt man leicht an ihren gesteppten Jacken, dem Schal und der Wollmütze. In einer klaren Winternacht in der Algarve bei 7°C und einer frischen Brise empfiehlt sich das Tragen langer Beinkleider und Pullover von selbst. Überwintern ja, aber mit Windjacke. Am Tag kann es mollig warm werden, muss es aber nicht. Auch der Regenschirm ist immer mal wieder eine gute Empfehlung.

Wer gern an der frischen Luft sitzt, ist mit einem Vorzelt bestens bedient. Wer sich dazu noch eine Gasheizung leistet, hat deutlich bessere Karten. Eine rustikale Feuerschale mit brennenden Holzscheiten ist zwar zünftiger und verbreitet ein zünftiges Flair von Lagerfeuer, ist aber auf allen besuchten Plätzen wegen der hohen Brandgefahr generell verboten. Übrigens gilt dies auch fürs Grillen am Stellplatz. In größeren Anlagen werden dafür speziell gemauerte Grillstellen neben den Sanitärgebäuden angeboten. Dort hängt dann ein entsprechend starker Feuerlöscher. Nicht selten bläst ein frischer Wind, der den Funkenflug begünstigt. Ein entflammter Pinienhain oder gar ein lodernder Eukalyptuswald ist kaum mehr zu löschen.

Benidorm bestätigte uns die Richtigkeit unserer Entscheidung, die Reise in das Winterhalbjahr zu legen. Vor unserem geistigen Auge versetzten wir uns in die Hochsaison und stellten uns den Betrieb vor, wenn alle 500 000 verfügbaren Betten belegt wären. Massen von Touristen würden sich durch die von Platanen beschattete kühle *Avenida del Mediterráneo* schieben, die Souvenirläden belagern, für eine der drei Abendschichten der Restaurants einen Tisch bestellen, um vorher noch den Tag unter einem der Tausenden von penibel im 90°-Raster aufgestellten Sonnenschirme am Strand zu verbringen. Sie würden sich der hochgewachsenen, Afrikaner erwehren, die ihnen hartnäckig echte Rolex-Uhren, Strohhüte, Sonnenbrillen und anderen Tand verkaufen wollen. Über allem wabern in betäubender Melange unzählbare ätherische Bestandteile von Sonnenschutzölen. Jetzt, Ende Januar, erspähen wir nicht einen Sonnenschirm.

Die Strände sind frei, sauber und leer, bis zur nächsten Hochsaison.

Adiós. Nos veremos. ¡Seguro!

Quellen:

»Andalusien« Ursula Pfistermeister, Süddeutscher Verlag

»Atlas Weltgeschichte«, Klett

»Burgen in Spanien« H. J. Leonardy, H. Kersten, Wiss. Buchgemeinschaft

»Der Spiegel«

»Die Geschichte der Schrift« Andrew Robinson, Albatros Verlag

»Die Gewürzroute« Fernand Salentiny, DuMont

»Die Kelten und ihre Geschichte« Barry Cunliffe, Lübbe

»Die Phöniker« Sabatino Moscati, Kindler

»Geschichte griffbereit« Imanuel Geiss, rororo

Handouts der besuchten Museen und Ausgrabungsstätten

https://de.euronews.com

https://de.wikipedia.org

https://letztebratwurst.com

Info-Material der Tourismus Büros aller besuchten Städte

»Menschheit auf dem Prüfstand« Henno Martin, Springer Verlag

»Welt der Geschichte in Zahlen«, Fischer Taschenbuch Verlag

www.atlantikwall-frankreich.de

»ZEITGeschichte«